山东省学校国防教育统编教材

GaoJi ZhongXue
JunShi XunLian JiaoCai

高级中学
军事训练教材

刘 鹏 主编

山东科学技术出版社

图书在版编目（CIP）数据

高级中学军事训练教材 / 刘鹏主编．—济南：山东科学技术出版社，2015.8（2020.8 重印）

ISBN 978-7-5331-3473-0

Ⅰ．①高…　Ⅱ．①刘…　Ⅲ．①军事训练—高级中学—教材 Ⅳ．① G631.8

中国版本图书馆 CIP 数据核字 (2003) 第 042879 号

高级中学军事训练教材

GAOJI ZHONGXUE JUNSHI XUNLIAN JIAOCAI

责任编辑：邱赛琳　梁天宏

装帧设计：孙　佳

主管单位：山东出版传媒股份有限公司

出 版 者：山东科学技术出版社

地址：济南市市中区英雄山路 189 号

邮编：250002　电话：（0531）82098088

网址：www.lkj.com.cn

电子邮件：sdkj@sdcbcm.com

发 行 者：山东科学技术出版社

地址：济南市市中区英雄山路 189 号

邮编：250002　电话：（0531）82098071

印 刷 者：肥城新华印刷有限公司

地址：肥城市老城工业园

邮编：271600　电话：（0538）3460479

规格： 16 开（184mm × 260mm）

印张： 9.25　**字数：** 185 千　**彩页：** 8

版次： 2015 年 8 月第 5 版　2020 年 8 月第 21 次印刷

定价： 25.00 元

编者按

如果说军服是军人区别于社会其他群体的重要标志、是国威军威的重要象征的话，那么，缀钉在军服上的各种标志服饰则是军人光荣履历和个性身份的无声诠释。

我军07式军服将中国军人威武庄重、阳刚俊美的形象豪迈、自信地展现在了世界的面前。新军服的服饰系列，不仅标识鲜明、系列配套、工艺精湛、缀钉方便，而且顺应了国际军服的潮流，同时又注入了中华民族和人民军队的特色元素，突出了整洁而端庄的军人仪表，彰显了军人的荣誉和身份。

帽徽

桃形，图案为松枝叶、天安门、齿轮、麦穗环绕“八一”军徽。

肩章

表示军官、士兵的军衔。

胸标

分为金属胸标和软胸标两种。图案分为军委机关、军委机关直属单位、战区、陆军、空军、海军、火箭军、战略支援部队和联勤保障部队，共9种。金属胸标材质为锌合金，软胸标材质为涤纶电脑织绣片。

姓名牌

样式为长方形，深藏青底色，银色字体。中文姓名为楷体，每字下标注相应的汉语拼音，材质为锌合金。

军服颜色

军服颜色为松枝绿色，既保持了我军传统的绿色，又加入了红军、八路军军服的颜色，也更加适合中国人的肤色。

军帽

大檐帽帽顶有翘度，表达出一种向上的力量。大檐帽正中央有“八一”军徽。

领花

分松枝叶和橄榄枝两种。军官、士兵的松枝叶领花图案为松枝叶和五星；橄榄枝领花图案为橄榄枝和五星。

级别资历章

首次出现在军官胸前的级别资历章，堪称07式军服的一大亮点。采用色条和五星的模块组合，共同体现出军官的服役年龄和级别。

绶带

样式为单环式。带体材质为编织锦丝带，带坠材质为锌合金。颜色为金黄色。

军服材质

采用耐久性弹性长丝、涤棉交织布和包芯纱等面料，大大增强了服装的抗皱性和舒适性。

07式军服有礼服、常服、作训服和标志服饰4个系列多个品种。礼服、常服服饰以金黄色为主色调，既符合民族传统，又能体现军队威严。加工上采用金属铸造和静电植绒等多种工艺，制作精细、缀钉方便。标志服饰与军服搭配使用，包括帽徽、领花、军衔标志、胸标、姓名牌、级别资历章、国防服役章、臂章、绶带、领带、领带夹、外腰带、内腰带等。主体图案以“八一”军徽、长城、盾牌、钢枪、飞翅、铁锚为主，象征人民军队是维护国家主权和安全的钢铁长城，体现全军官兵献身国防的坚强意志和勇往直前的战斗精神。

为了帮助同学们正确理解新军服及各种标志服饰，下面作一简单介绍，带大家领略07式军服的迷人风采。

级别资历章

级别资历章由级别略章、军龄略章和装饰略章组成。

军委副主席

军委委员

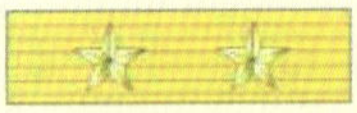
正战区职

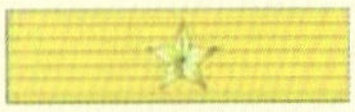
副战区职

正军职

副军职

正师职

副师职（正旅职）

正团职（副旅职）

副团职

正营职

副营职

正连职

副连职

排职

1年章

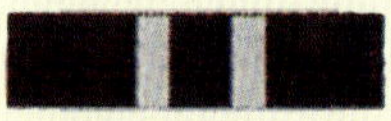
2年章

3年章

4年章

5年章

10年章

级别略章由色条和级别星徽组成。色条区分级别，分为军委委员以上、战区级、军级、师级、团级、营级、连级、排级8种；级别星徽区别军委委员以上和战区以下的正、副职，军委委员以上星徽为1颗金黄色五星加橄榄枝，战区级正职以下、副军职以上为金黄色五星，正师职以下为银白色五星，2颗星为正职，1颗星为副职。

军龄略章分为1年章、2年章、3年章、4年章、5年章、10年章。

装饰略章不代表军级、军龄，起补充、装饰作用。若级别略章、军龄略章不能排满级别资历章架，则在其空缺处装配装饰略章。

级别资历章架用于安装和固定级别略章、军龄略章和装饰略章。资历章架的排数确定级别，每排应当排满3枚略章。军委委员以上7排，战区级6排，军级5排，师级4排，团级3排，营级2排，连、排级1排。

级别资历章组合规则

★ 级别略章应当排列在级别资历章架最上一排中间位置，军龄略章和补充略章排列在其他位置。

★ 军龄略章按照1年至10年的顺序，在级别资历章架上从左至右、从上到下依次循环排列。

★ 如使用10年军龄略章，应当尽量排列在该排的中间位置。

★ 装饰略章用于军龄略章不足以排满级别资历章架时的补充，应当尽量避免使用，如必须使用，应当排列在最下一排的两侧位置，一般不得超过2枚。

★ 如果军龄略章采用上述方式不足以排满级别资历章架，应当减少4年以上高年限军龄略章的使用，改用3年以下低年限军龄略章进行循环排列，直到排满级别资历章架为止。

级别资历章缀钉于礼服、春秋常服和冬常服左胸。礼服和女军官着春秋常服、冬常服时，级别资历章的底边中心点位于左胸省线延长线上，底边与右胸佩戴的胸标底边保持在同一水平线上。男军官着春秋常服、冬常服时，级别资历章位于左胸袋盖上方居中位置，底边与左胸盖上沿平齐。

姓名牌

姓名牌佩戴在右胸时，将两个螺钉穿过姓名牌标志点或者孔眼，用螺母固定；佩戴在左胸时，下沿位于夏常服左胸袋盖上方3 mm的居中位置，用螺钉固定。

帽徽

帽徽包括金属帽徽和作训帽帽徽。其中，金属帽徽包括大帽徽、小帽徽两种。男军人戴大檐帽、水兵帽、皮帽（栽绒帽）时，佩戴大帽徽；女军人戴卷檐帽、皮帽（栽绒帽）时，佩戴小帽徽。帽徽固定是用螺钉穿过帽徽孔，摆正后用螺母固定。

大帽徽

小帽徽

作训帽帽徽

臂章

臂章为盾牌样式，分为军委办公厅、军委联合参谋部、军委政治工作部、军委后勤保障部、军委装备发展部、军委训练管理部、军委国防动员部、军委纪律检查委员会、军委政法委员会、军委科学技术委员会、军委战略规划办公室、军委改革和编制办公室、军委国际军事合作办公室、军委审计署、军委机关事务管理总局，战区、军兵种、军事科学院、国防大学、国防科技大学，驻香港、澳门部队等。用料为涤纶电脑织绣片。军人穿着春秋常服、夏常服、冬常服和作训服时，应当佩戴臂章。着春秋常服、夏常服、冬常服时，佩戴在左臂；着作训服时，佩戴在右臂。佩戴臂章时，将臂章的袢带穿过上衣的两条臂章袢，用尼龙搭扣固定。

中央军委

办公厅

联合参谋部

政治工作部

后勤保障部

装备发展部

训练管理部

国防动员部

纪律检查委员会

政法委员会

科学技术委员会

战略规划办公室

国际军事合作办公室

审计署

机关事务管理总局

陆军

海军

空军

火箭军

战略支援部队

联勤保障部队

中部战区

国防大学

驻香港部队

驻澳门部队

绶带、国防服役章

军官着礼服，仪仗队、军乐团着礼宾服时，应当佩戴绶带，男装绶带佩挂于左肩，女装绶带佩挂于右肩。佩戴绶带时，将衣袖穿过绶带圈，绶带上端的吊袢挂在肩袢下的纽扣上，绶带坠绳吊袢挂在驳领里边的纽扣上。

男士兵和生长干部学员着春秋常服、冬常服时，佩戴的国防服役章位于左胸袋盖上方居中位置，底边与左胸袋盖上沿平齐；女士兵和生长干部学员着春秋常服、冬常服时，佩戴的国防服役章中心点位于左胸省线延长线上，中心点与右胸佩戴的胸标中心点保持在同一水平线上；水兵服的国防服役章位于与胸标的对称位置。

国防服役章

军衔标志

军衔标志包括军衔肩章、军衔袖章和军衔领章。军衔肩章分硬肩章、软肩章和套式肩章3种。硬肩章套在礼服或常服的肩袢上，用免缝扣穿过硬肩章锁眼、肩袢锁眼和肩部孔眼，旋紧固定。软肩章套在夏常服的肩袢上，将纽扣系于肩章锁眼和肩袢锁眼上。套式肩章套在肩袢上，用免缝扣穿过肩袢锁眼和肩部孔眼，旋紧固定，或者纽扣系于肩袢锁眼上。目前，我军只有深藏青色海军常服采用军衔袖章。文职干部军衔袖章军衔符号与其肩章军衔一致，军官军衔袖章由装饰带和将、校、尉星徽组成。装饰带分 3 种宽度，最粗的代表将官，其次为校官，最细的为尉官。1 枚尉官星徽加 1 条尉官装饰带为少尉，2 条为中尉，3 条为上尉；1 枚校官星徽加 1 条校官装饰带为少校，2 条为中校，3 条为上校，4 条为大校；1 枚将官星徽加 1 条将官装饰带和 1 条校官装饰带为少将，加 2 条校官装饰带为中将，加 3 条校官装饰带为上将；生长干部学员为 1 条尉官装饰带，不带星徽。不佩戴军衔肩章时，以军衔领章表示军衔识别标志。

海军常服袖章

上将

大校

上尉

海军袖章将军星徽

海军袖章校官星徽

文职干部
（专业技术三级以上）

文职干部
（专业技术四级以下）

生长干部学员

海军袖章尉官星徽

士兵、士官军衔肩章

列兵

上等兵

下士

中士

上士

四级军士长

三级军士长

二级军士长

一级军士长

军官军衔肩章

少将

中将

上将

少校

中校

上校

大校

少尉

中尉

上尉

领花

领花包括军官领花、士兵领花、夏常服领花、专业技术领花和专业技术夏常服领花。军官领花和专业技术领花缀钉于衣领上端两个标志点处，用螺母固定。夏常服领花缀钉于夏常服或士兵冬常服衣领上标志点处。

军官松枝叶领花

专业技术松枝叶领花

夏常服橄榄枝领花

夏常服专业技术橄榄枝领花

胸标

胸标有金属胸标和布制软胸标两类，包括军委机关和陆军、海军、空军、火箭军、战略支援部队、联勤保障部队胸标等。胸标佩戴在礼服、春秋常服、冬常服、夏常服、毛衣和作训服右胸。金属胸标是将两个螺钉穿过胸标标志点或者孔眼，用螺母固定。软胸标用尼龙搭扣黏合固定。

军委机关胸标

陆军胸标

海军胸标

空军胸标

火箭军胸标

战略支援部队胸标

联勤保障部队胸标

战区胸标

编 委 会

主　　编： 刘　鹏

副 主 编： 陆仲辉　林　勇　吴都强

编写人员：（按姓氏笔画为序）

朱海军　刘剑锋　陈立荣

赵汝亮

插图作者： 高　川

前　言

“兵者，国之大事，死生之地，存亡之道，不可不察也。”学校国防教育是全民国防教育的基础，是增强民族凝聚力和提高全民素质的重要途径，事关国家安全和人民幸福。军事训练是高中阶段学校学生的必修课程，是全面贯彻党的教育方针、新时期军事战略方针和总体国家安全观，加强国防教育、国防后备力量建设和实施素质教育的重要举措。开展学生军事训练，能够强化学生的国防观念，激发学生的爱国热情，增强学生的民族自信心、自豪感、向心力。对学生进行军事训练，是立德树人，为国家培养德智体美劳的优秀人才，实现中华民族伟大复兴中国梦和党在新时代强军目标的一项重大战略任务。国防意识和军事素养是青年学生健康成长、报效国家和服务社会的基本素质。天下并不太平，和平需要保卫。长期的和平环境容易使人们麻痹，人们安享和平的同时不能忘记战争。加强学生军事训练是时代的呼唤、历史的必然，是我们党和国家根据国内外形势做出的一项战略决策。加强学生军事训练是一项长期的、基础性的人才培养战略工程，是一项利国、利军和利民的宏伟的社会工程。

根据《中华人民共和国国防法》《中华人民共和国国防教育法》、国办发〔2017〕76号文件《关于深化学生军事训练改革的意见》以及最新的高中阶段学校学生军事训练教学大纲和学校国防教育的实际，我们组织长期从事学校国防教育和学生军训的专家教授编写了本书。本书内容包括上、下两篇共十章，上篇是军事通识知识部分，主要包括现代国防、人民军队、军兵种和军事训练法规；下篇是基本军事技能部分，主要包括队列、投弹、轻武器射击、单兵战术、体能和战场医疗救护。本书主要依据最新的高中阶段学校学生军事训练教学大纲编写，充实最新、最前沿的内容，紧贴高中阶段学校学生的教学实际，符合高中阶段学校学生军事训练的教学要求。

在本书的编写过程中，编者参考了部分教材和有关专家学者的资料，在此表示衷心的感谢！

由于编者水平有限，书中难免有不妥和错误之处，敬请读者批评指正。

目 录

上篇　军事通识知识

下篇　基本军事技能

上篇 军事通识知识

第一章　现代国防

教学要求

了解国防和军队领导体制、国防政策和新中国国防建设主要成就，增强国防观念，激发爱国热情，树立依法履行兵役义务和自觉为国防建设服务的思想。

国防事关国家的生存和发展、民族的兴衰与荣辱。国防是国家的头等大事，国强则民安，国破则家亡。每个人都应该关心国防，关心国防就是关心自己的家园。

第一节　国防和军队领导体制

一、国防体制的含义

国防体制是指国家防卫机构的设置、管理权限划分以及领导体系制度的总称，主要包括：国防领导体制、武装力量体制、国防经济体制、国防科学技术和武器装备发展的管理体制、兵役制度、动员制度、国防教育制度以及国防法制等。世界各国的国防体制虽没有统一的模式，但一般都是以国家宪法、法律、政策等规定为依据，保证对国防的统一领导，适应快速有效地实施战争决策和指挥，协调各个领域，充分发挥国防能力，确保战争的胜利。

二、国防领导体制

国防领导体制是指国家谋划、决策、指挥、协调国防建设和军事斗争的组织体系，包括国防领导机构的设置、职权划分、相互关系及相关制度等。根据《中华人民共和国宪法》和《中华人民共和国国防法》，中华人民共和国的国防领导职权由中共中央、全国人民代表大会及其常务委员会、国家主席、国务院、中央军委行使。

1949 年 10 月，我国设立了中央人民政府人民革命军事委员会，作为国家最高军事领导机关，统一领导、管理和指挥中国人民解放军及其他武装力量，制定军事战略方针。1954 年 9 月 20 日，第一届全国人民代表大会第一次全体会议通过的《中华人民共和国宪法》规定：国家主席统率全国武装力量。1958 年 7 月，中共中央军委扩大会议通过的《关于改变组织体制的决议》规定，中央军委是中共中央的军事工作部门，是统一领导全军的统率机关，军委主席是全军统帅。

1982 年的《中华人民共和国宪法》规定："中华人民共和国中央军事委员会领导全国武装力量""中央军事委员会实行主席负责制""中央军事委员会主席对全国人民代表大会和全国人民代表大会常务委员会负责"。中国共产党中央军事委员会与中华人民共和国中央军事委员会，在组成人员和领导机构以及权力、职责上都是相同的，融为一体的。同时，国务院设立国防部，一切需要由国家政府负责的军事工作，由国务院及国防部做出相应的决定并组织实施。国防部接受国务院和中央军委的双重领导。这种国防领导体制既能保证中国共产党对中国人民解放军的绝对领导，又能通过国家机器加强人民军队的建设，建设现代化的国防，也便于全国军民在必要时迅速转入战时体制，有效地保卫国家安全，保障社会主义建设事业的顺利进行。

三、国防领导体制的职权

（一）中共中央

《中华人民共和国国防法》规定："中华人民共和国的武装力量受中国共产党的领导。"在我国，有关国防、战争和军队建设的重大问题，都是由中共中央、中央军委、中央政治局及其常务委员会做出决策并通过必要的法定程序，作为党和国家的统一决策贯彻执行。

（二）全国人民代表大会

全国人民代表大会的国防职权：决定战争和和平的问题；制定有关国防方面的基本法律；选举中央军事委员会主席，根据中央军事委员会主席的提名，决定中央军事委员会其他组成人员，并有权罢免以上人员；审查和批准包括国防建设计划在内的国民经济和社会发展计划和计划执行情况的报告；审查和批准包括国防经费预算在内的国家预算和预算执行情况的报告；改变或者撤销全国人民代表大会常务委员会在国防方面的不适当的决定。

（三）全国人民代表大会常务委员会

决定战争状态的宣布；决定全国总动员或者局部动员；制定有关国防方面的法律；在全国人民代表大会闭会期间，审查和批准包括国防建设计划在内的国民经济和社会发展计划，包括国防经费预算在内的国家预算在执行过程中所必须作的部分调整方案；监督中央军事委员会的工作；根据中央军事委员会主席的提名，决定中央军事委员会其他组成人员的人选；根据最高人民法院院长和最高人民检察院检察长的提请，任免军事法院院长和军事检察院检察长；决定同外国缔结的有关国防方面的条约和重要协定的批准和废除；规定军人的衔级制度；规定和决定授予在国防方面国家的勋章和荣誉称号。

（四）国家主席

根据全国人民代表大会的决定和全国人民代表大会常务委员会的决定，宣布战争状态，发布动员令；公布全国人民代表大会及其常务委员会制定的有关国防方面的法律；根据全国人民代表大会常务委员会的决定，授予在国防方面有重大贡献的个人和集体国家的勋章和荣誉称号；根据全国人民代表大会常务委员会的决定，批准和废除同外国缔结的有关国防方面的条约和重要协定。

（五）国务院

领导和管理国防建设事业，包括：编制国防建设发展规划和计划；制定国防建设方面的方针、政策和行政法规；领导和管理国防科研生产；管理国防经费和国防资产；领导和管理国民经济动员工作和人民武装动员、人民防空、国防交通等方面的有关工作；领导和管理拥军优属工作和退出现役的军人的安置工作；领导国防教育工作；与中央军事委员会共同领导中国人民武装警察部队、民兵的建设和征兵、预备役工作以及边防、海防、空防的管理工作；法律规定的与国防建设事业有关的其他职权。

（六）中国共产党中央军事委员会

中国共产党中央军事委员会和中华人民共和国中央军事委员会是一个机构两个名称，其组成人员和领导职能是完全一致的，在党的领导机构内和国家领导机构内同时具有两个地位。中华人民共和国中央军事委员会是最高国家军事机关，负责领导全国武装力量，包括：统一指挥全国武装力量；决定军事战略和武装力量的作战方针；领导和管理中国人民解放军的建设，制定规划、计划并组织实施；向全国人民代表大会或者全国人民代表大会常务委员会提出议案；根据宪法和法律，制定军事法规，发布决定和命令；决定中国人民解放军的体制和编制，规定战区、军兵种以及其他战区级单位的任务和职责；依照法律、军事法规的规定，任免、培训、考核和奖惩武装力量成员；批准武装力量的武器装备体制和武器装备发展规划、计划，协同国务院领导和管理国防科研生产；会同国务院管理国防经费和国防资产；法律规定的其他职权。中央军委实行主席负责制，中央军委主席为全国武装力量的统帅。

四、军队领导体制

军队的领导体制是适应现代军队专业化分工和信息时代能打仗、打胜仗的要求，提高军队作战效能和建设效益的体制。我国军队的统帅权与指挥权归中国共产党和中央军事委员会。中央军事委员会是全国武装力量的最高军事统率机构。中央军委实行主席负责制。这是宪法和党章规定的重大制度，是坚持党对军队绝对领导的根本制度和根本实现形式，是中国特色社会主义政治制度和军事制度的重要组成部分。

（一）作战指挥和领导管理体制

按照“军委管总、战区主战、军种主建”原则，把党对军队绝对领导的根本原则和制度进一步固化下来并加以完善，强化军委集中统一领导，更好地使军队最高领导权和指挥权集中于党中央、中央军委。区分作战指挥体制和领导管理体制，作战指挥体制按照“军委—战区—部队”构建，战区是主导战斗力的输出端，取消大军区体制，划设战区引领联合作战指挥体系的建设和发展。按照“军委—军种—部队”，加强我军的领导管理体制建设，这是中国特色的现代军事力量体系。

人民军队新一轮改革调整，通过调整军委总部体制、实行军委多部门制，组建陆军领导机构、健全军兵种领导管理体制，重新调整划设战区、组建战区联合作战指挥机构，健全军委联合作战指挥机构等重大举措，着力构建“军委—战区—部队”的作战指挥体系（图 1-1-1）和“军委—军种—部队”的领导管理体系（图 1-1-2）。

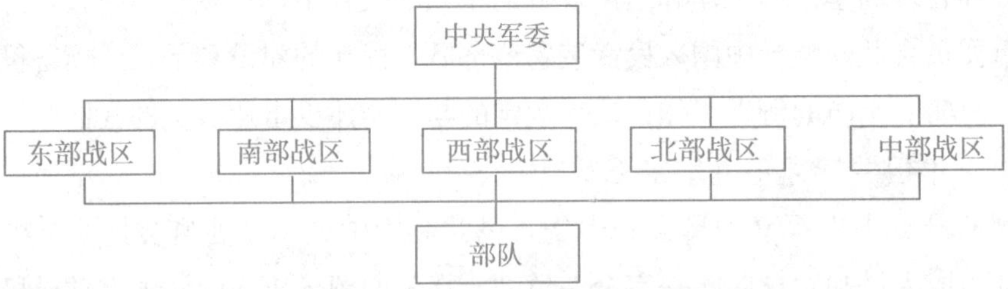

☆ 图 1-1-1 军队作战指挥体系架构

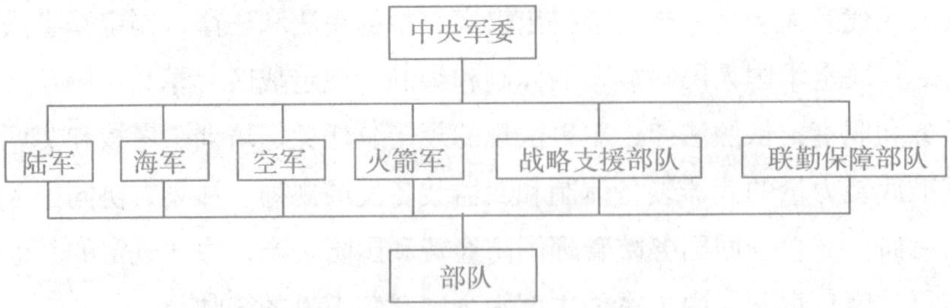

☆ 图 1-1-2 军队领导管理体系架构

（二）军委机关

军委机关是中央军委的参谋机关、执行机关、服务机关。实行军委多部门制，军委机关由 7 个部（厅）、3 个委员会和 5 个直属机构组成。

7 个部（厅）：军委办公厅、军委联合参谋部、军委政治工作部、军委后勤保障部、军委装备发展部、军委训练管理部、军委国防动员部。

3 个委员会：军委纪律检查委员会、军委政法委员会、军委科学技术委员会。

5 个直属机构：军委战略规划办公室、军委改革和编制办公室、军委国际军事合作办公室、军委审计署、军委机关事务管理总局。

军委机关各部门的主要职责见表 1–1–1。

表 1–1–1 军委机关各部门主要职责

军委机关部门	主要职责
军委办公厅	主要履行综合协调、决策咨询、军事法制、信息服务、督促检查等职能
军委联合参谋部	主要履行作战筹划、指挥控制和作战指挥保障，研究拟制军事战略和军事需求，组织作战能力评估，组织指导联合训练、战备建设和日常战备工作等职能
军委政治工作部	主要履行全军党的建设、组织工作、政治教育和军事人力资源管理等职能
军委后勤保障部	主要履行全军后勤保障规划计划、政策研究、标准制定、检查监督等职能。调整优化保障力量配置和领导指挥关系，构建与联合作战指挥体制相适应，统分结合、通专两线的后勤保障体制
军委装备发展部	主要履行全军装备发展规划计划、研发试验鉴定、采购管理、信息系统建设等职能，着力构建由军委装备部门集中统管、军种具体建管、战区联合运用的体制架构
军委训练管理部	主要履行组织指导全军军事训练、训练监察、行政管理及院校教育管理等职能
军委国防动员部	主要履行组织指导国防动员和后备力量建设，领导管理省军区等职能
军委纪律检查委员会	主要履行全军党的纪检监察和巡视等职能
军委政法委员会	主要履行组织指导全军政法安全保卫工作等职能
军委科学技术委员会	主要履行国防科技战略管理、组织指导前沿科技创新、推动科技军民融合发展等职能
军委战略规划办公室	主要履行国防和军队建设发展战略规划职能，组织制定发展规划、统筹资源配置等
军委改革和编制办公室	主要履行国防和军队改革筹划和协调职能，指导推动重大改革的实施，负责全军组织编制管理等工作

（续表）

军委机关部门	主要职责
军委国际军事合作办公室	主要履行对外军事交流与合作职能，归口管理和协调全军外事工作等
军委审计署	主要履行审计监督职能，组织指导全军审计工作
军委机关事务管理总局	主要履行军委机关服务保障等职能

（三）战区

战区是本区域、本战略方向的唯一最高联合作战指挥机构，履行联合作战指挥职能，担负应对本战略方向安全威胁、维护和平、遏制战争、打赢战争的使命。战区联合作战指挥机构是平战一体、常态运行、专司主营、精干高效的联合作战指挥体系。其指挥权责是中央军委赋予的，所有担负战区作战任务的部队必须坚决服从指挥。全军现设有东部战区、南部战区、西部战区、北部战区和中部战区五个战区。战区主要负责研究打仗、指挥作战，形成“军委—战区—部队”的作战指挥体系。

东部战区司令部驻南京，陆军机关驻福州，负责领导和指挥江苏、浙江、安徽、福建、江西五省和上海一市的所属武装力量。

南部战区司令部驻广州，陆军机关驻南宁，负责领导和指挥湖南、广东、广西、海南、云南、贵州六省的所属武装力量。

西部战区司令部驻成都，陆军机关驻兰州，领导和指挥四川、西藏、甘肃、宁夏、青海、新疆六省和重庆一市的所属武装力量。

北部战区司令部驻沈阳，陆军机关驻济南，负责领导和指挥辽宁、吉林、黑龙江、内蒙古和山东五省的所属武装力量。

中部战区司令部驻北京，陆军机关驻石家庄，负责领导和指挥河北、山西、陕西、河南、湖北五省和北京、天津两市的所属武装力量。

中国人民武装警察部队作为武装力量的重要组成部分，接受军委领导，实行“中央军委—武警部队—部队”领导指挥体制，依据所担负的任务划分为内卫、警卫和海警三大组成部分。

（四）军兵种

中国人民解放军由陆军、海军、空军、火箭军、战略支援部队和联勤保障部队等军兵种组成。各军兵种主要负责部队建设管理，形成“军委—军兵种—部队”的领导管理体系。

第二节　国防和军队建设成就

一、国防建设的含义

国防建设是指为了国家安全利益需要，提高国防能力而进行的各方面建设。国防建设是国家建设的重要组成部分，其主要内容包括：国防领导体制、武装力量建设，战场建设，边防、海防、空防和人防建设，国防法规建设，国防科技工业和武器装备建设，以及国防教育等。

国防建设是经济建设的安全保障，国防现代化是我国社会主义现代化的重要组成部分，加强国防是国家安全与经济发展的基本保证。加强国防现代化建设，已经成为适应世界军事发展趋势的迫切要求。随着科学技术特别是信息技术的迅猛发展，人类社会正在由工业社会向信息社会过渡，一场新的军事革命正在兴起。增强国防力量是一个长期积累、持续渐进的过程。无论是武器装备的改善、军事理论的创新，还是后备力量的组织和国防动员等，都不是一朝一夕所能完成的。因此，世界许多国家都在其根本利益的驱动下，充分利用相对和平时期的宝贵机遇，从国家战略全局的高度，不断加强国防建设，抢占军事制高点。世界上一些有影响的大国，在积极发展综合国力的同时，不断增强国防实力，以便在国际战略格局中处于更加有利的态势。即使一些并不富裕的中、小国家，在积聚国防力量方面也不敢懈怠，它们把增强国防实力作为提高综合国力的重要手段，以求在竞争激烈的国际社会中争得相应的地位。

二、国防建设的成就

（一）新中国成立后的国防建设

新中国成立后，党和国家十分重视国防建设，取得了举世瞩目的成就，主要经历了以下四个阶段：

1. 从 1949 年到 1953 年

这一阶段国家处在外御帝国主义侵略、内治战争创伤和恢复经济时期。中国人民解放军在中国共产党领导下，在广大民兵和人民群众的积极配合支援下，主要完成了以下任务：一是解放了西藏，完成了统一祖国大陆的伟大事业；二是剿灭了大批土匪，平息了匪患，保卫了革命胜利果实，巩固了人民民主专政的政权；三是进行了抗美援朝斗争；四是国家成立了统一的军事机构；五是从单一陆军向诸军兵种全面建设过渡；六是重视人才培养，建立军事院校。

2. 从 1954 年到 1965 年

这一阶段是我国国防现代化建设突飞猛进的重要时期。首先，确立了我国国防建设的主要任务：防御帝国主义侵略，保卫社会主义建设，保卫亚洲与世界和平。其次，为加速军队现代化建设，中共中央和中央军委制定了减少军队数量，提高军队质量，精兵、合成的战略决策。中国人民解放军从 1950 年到 1958 年进行了四次大规模精简整编，取得了显著成效：一是压缩了军队规模，改善了武器装备；二是确立了诸军兵种合成体制，建立了海、空军和陆军各兵种；三是调整了军委和总部领导机构，加强了对全军的集中统一领导；四是重新划分了军区，精简了机关，提高了指挥效能；五是健全了院校和科研机构；六是统一了部队编制。再次，为了增强国防建设的物质技术基础，党中央把发展我国国防工业，包括原子武器和导弹武器的研制，提到重要议事日程上，并于 1964 年 10 月 16 日成功爆炸了第一颗原子弹，打破了核大国的核垄断、核讹诈。

3. 从 1966 年到 1976 年

这一时期，尽管国防建设受到了一定程度的干扰和破坏，毛泽东、周恩来等主要领导人仍然警觉地注意维护我国的安全，保持了军队的稳定，顶住了霸权主义的压力，对发展国防尖端技术始终没有放松，因而保证了我国 1967 年 6 月 17 日氢弹试验的成功和 1970 年 4 月 24 日人造卫星发射的成功。美国从爆炸第一颗原子弹到爆炸第一颗氢弹用了七年零三个月，苏联用了四年，英国用了四年零七个月，法国用了八年零六个月，中国只用了两年零八个月。

4. 从党的十一届三中全会至党的十八大前

在十一届三中全会上，邓小平提出了“和平与发展”是当今世界两大主题的观点，确定党的工作的重点和国防建设指导思想实行战略性转变的重大决策。一是国防建设和军队工作从立足于“早打、大打、打核战争”的临战状态转变到和平时期正常建设的轨道；二是在服从国家经济建设大局的前提下，有计划、有步骤、有重点地加强以现代化为中心的国防建设；三是从单方面强调军队建设转变到全面增强综合国力上来；四是从主要准备对付全面战争转变到重点打赢现代条件下的局部战争上来。邓小平同志提出了建设一支强大的现代化正规化革命军队的总目标。经过压缩军队规模，先后裁军 150 万人、进行了体制编制改革、精简机关、直属单位和院校，优化军兵种内部编成，改革领导指挥体制，深化联勤保障体制改革，改善官兵比例。实施科技强军战略，把加强质量建设作为实现我军现代化的基本指导方针，推动军队建设由数量规模型向质量效能型、人力密集型向科技密集型转变，进一步拓展“军民融合”的国防发展道路，不断完善和加强战争动员体制与后备力量建设，重视理论和国防科技研究。确立国防和军队建设跨世纪发展“三步走”的战略构想，争取到21世纪中叶实现国防和军队现代化。人民军队朝着“精兵、合成、高效”的方向不断迈进。

（二）新时代的国防建设

当前，我们已经进入中国特色社会主义新时代，我们的国防也进入了新时代。特别是党的十八大以来，党中央提出了全面深化国防和军队改革。2013年11月，党的十八届三中全会在北京召开，会议作出了深化国防和军队改革的决定，新一轮军队改革随即展开。

新一轮军队改革的核心要义是要建立一支听党指挥、能打胜仗、作风优良的人民军队。经过改革，人民军队恢复了一些带根本性的东西，破解了一些深层次矛盾，取得了历史性突破，国防和军队建设上了一个大台阶，实现了政治生态重塑、组织形态重塑、力量体系重塑、作风形象重塑，军事斗争准备取得重大进展，形成了军委管总、战区主战、军种主建新格局。人民军队组织架构和力量体系实现了革命性重塑，建立了“军委—战区—部队”的作战指挥体系和“军委—军种—部队”的领导管理体系，人民军队在中国特色强军之路上迈出了坚定的步伐。

在建军90周年和庆祝新中国成立70周年阅兵中展示的武器装备，无一不凸显我军强大的军事实力和我国的国防工业实力。我国逐步形成了全方位的武器装备格局，新型航空母舰、两栖攻击舰、万吨驱逐舰、主战坦克、自行火炮、武装直升机、歼击机、预警机、无人机、各型弹道导弹等海陆空天武器装备，样样齐全，有许多武器装备已经达到世界先进水平。

今天，进入新时代的中国国防和军队建设，正按着建设一支听党指挥、能打胜仗、作风优良，全面建成世界一流军队的强军目标奋勇前行。

（三）我国国防工业和国防科研的主要成就

新中国成立后，国防工业从无到有，从小到大，逐步建立了具有一定教学、科研、试制和生产能力的国防科研体系，使国防工业和国防科研得到迅速发展，并取得了重大成就。

一是建设了一批新的科研、生产、试验等重要基地，改善了战略布局，使后方建设得到巩固和新的发展。

二是研制出大批性能达到或接近世界先进水平的常规武器，为陆、海、空军实现武器装备现代化提供了重要保障。

三是独立自主地研制了战略武器，增强了我国自卫能力。1964年10月16日成功爆炸了第一颗原子弹，1966年12月26日成功发射了中程导弹，1967年6月17日爆炸了氢弹，1970年4月24日第一颗人造卫星发射成功，1981年9月20日一箭三星发射成功，1982年10月12日潜射导弹发射成功，2012年辽宁号航空母舰正式入列中国人民解放军海军，2018 年第四代战机歼 -20 正式列装部队。2019 年 12 月 17 日我国第一艘国产航母山东舰在海南三亚某军港交付海军。

四是培养锻炼了一支坚强的善于攻关的国防科研队伍，在许多新兴科学技术领域不断创新，获得了众多科技成果。

五是军工各部门服从国家经济建设大局，坚持平战结合、军民结合，建立和完善国防工业运行机制，提高军民融合程度，增强平战转换能力，在保证军队需要的前提下，努力为经济建设和社会发展服务。

三、国防政策

国防政策是国家进行国防建设、军事斗争和使用武装力量，以及进行与国防建设有关的活动的准则。国防政策的主要内容包括从事国防建设和使用国防力量的目的、方针、重点、体制、途径等。中国热爱和平，但决不惧怕战争。中国的社会主义国家性质，走和平发展道路的战略抉择，独立自主的和平外交政策，“和为贵”的中华文化传统，决定了中国始终不渝奉行防御性国防政策。新时代我国的国防政策，主要有以下内容：

（一）坚决捍卫国家主权、安全、发展利益

防备和抵抗侵略，确保国家领海 、领空和边境不受侵犯，保卫国家政治安全、人民安全和社会稳定，反对和遏制“台独”，打击“藏独”“东突”等分裂势力，保卫国家主权、统一、领土完整和安全。维护国家海洋权益，维护国家在太空、电磁、网络空间等的安全利益，维护国家海外利益，支撑国家可持续发展。

（二）坚持永不称霸、永不扩张、永不谋求势力范围

中华民族历来爱好和平，致力于促进世界和平，真诚希望世界各国都选择和平发展道路，共同防范冲突和战争。始终坚持在和平共处五项原则基础上发展同各国的友好合作，主张通过平等对话和谈判协商解决国际争端，反对干涉别国内政，反对恃强凌弱，反对把自己的意志强加于人。始终坚持结伴不结盟，不参加任何军事集团，反对侵略扩张，反对动辄使用武力或以武力相威胁。历史已经并将继续证明，中国决不走追逐霸权、“国强必霸”的老路。无论将来发展到哪一步，中国都不会威胁谁，都不会谋求建立势力范围。

（三）贯彻落实新时代军事战略方针

新时代军事战略方针是坚持防御、自卫、后发制人原则，实行积极防御，坚持“人不犯我、我不犯人，人若犯我、我必犯人”。贯彻落实新时代军事战略方针，服从服务党和国家战略全局，落实总体国家安全观，强化忧患意识、危机意识、打仗意识，有效履行新时代军队的使命任务。根据国家面临的安全威胁，扎实做好军事斗争准备，全面提高新时代备战打仗能力，构建立足防御、多域统筹、均衡稳定的新时代军事战

略布局。坚持全民国防，创新人民战争的战略战术和内容方法，充分发挥人民战争的整体威力。

（四）坚持走中国特色强军之路

坚持政治建军、改革强军、科技兴军、依法治军，聚焦能打仗、打胜仗，推动机械化信息化融合发展，加快军事智能化发展，构建中国特色现代军事力量体系，完善和发展中国特色社会主义军事制度，不断提高履行新时代使命任务的能力。到 2020 年基本实现机械化，信息化建设取得重大进展，战略能力有大的提升。全面推进军事理论现代化、军队组织形态现代化、军事人员现代化、武器装备现代化，力争到 2035 年基本实现国防和军队现代化，到 21 世纪中叶把人民军队全面建成世界一流军队。

（五）服务构建人类命运共同体

一个和平稳定繁荣的中国，是世界的机遇和福祉。一支强大的中国军队，是维护世界和平稳定、服务构建人类命运共同体的坚定力量。坚持共同、综合、合作、可持续的安全观，秉持正确义利观，积极参与全球安全治理体系改革，深化双边和多边安全合作，促进不同安全机制间协调包容、互补合作，营造平等互信、公平正义、共建共享的安全格局。坚持履行国际责任和义务，始终高举合作共赢的旗帜，在力所能及的范围内向国际社会提供更多公共安全产品，积极参加国际维和、海上护航、人道主义救援等行动，加强国际军控和防扩散合作，建设性参与热点问题的政治解决，共同维护国际通道安全，合力应对恐怖主义、网络安全、重大自然灾害等全球性挑战，积极为构建人类命运共同体贡献力量。

我国国防政策的目的是巩固国防，抵御侵略，捍卫国家主权和领土完整，确保国家安全。我国国防政策是本着平战结合、军民融合的原则，逐步增强国防实力和国防潜力，重点是发展国防科技，改善武器装备，提高现代化水平。实现的途径是在独立自主、自力更生的基础上有选择地引进先进技术、加强军事交流，努力发展与各国人民和军队的友好关系。

第三节 国防安全与军事热点

国家的兴衰与国防密切相关，国防强弱直接关系到国家的安全、民族的尊严、社会的发展。国防是国家安全的重要保障，军事手段是实现伟大梦想的保底手段。没有一个强大的国防，就没有国家的主权和独立，人民的幸福和民族的振兴也就没有保障。

一、总体国家安全观

总体国家安全观是中共中央总书记、国家主席、中央军委主席、中央国家安全委员会主席习近平 2014 年 4 月 15 日在中央国家安全委员会第一次会议上首次正式提出的。贯彻落实总体国家安全观，必须既重视外部安全，又重视内部安全，对内求发展、求变革、求稳定、建设平安中国，对外求和平、求合作、求共赢、建设和谐世界；既重视国土安全，又重视国民安全，坚持以民为本、以人为本，坚持国家安全一切为了人民、一切依靠人民，真正夯实国家安全的群众基础；既重视传统安全，又重视非传统安全，构建集政治安全、国土安全、军事安全、经济安全、文化安全、社会安全、科技安全、网络安全、生态安全、资源安全、核安全等于一体的国家安全体系；既重视发展问题，又重视安全问题，发展是安全的基础，安全是发展的条件，富国才能强兵，强兵才能卫国；既重视自身安全，又重视共同安全，打造命运共同体，推动各方朝着互利互惠、共同安全的目标相向而行。总体国家安全观科学地回答了发展中的社会主义大国如何维护和塑造国家安全的一系列基本问题，标志着我们党对国家安全基本规律的认识达到了新高度。

（一）总体国家安全观的重大意义

1. 总体国家安全观是最新理论成果

总体国家安全观科学运用马克思主义基本原理，深刻总结我们党维护国家安全的理论和实践，认真汲取中华传统文化精髓，积极借鉴国际安全理论与实践，在国家安全领域形成了具有中国特色和时代特征的立场观点方法，既有继承又有发展，实现了我们党在国家安全理论上的历史性飞跃。总体国家安全观的提出，充分体现了我们党对国家安全认识的新高度，充分体现了我们党对党和国家事业全局的全新把握和长远擘画，充分体现了我们党对共产党执政规律、社会主义建设规律和人类社会发展规律认识的进一步深化。

2. 总体国家安全观是强大思想武器

总体国家安全观既是新时代我国对国家安全形势的基本认识，也是新时代我国解决国家安全问题、应对国家安全挑战的根本方法和强大思想武器。在新时代，我国面临的国家安全形势错综复杂，国家安全的内涵与外延空前丰富，时空范围十分宽广。总体国家安全观的提出不仅为我们高屋建瓴地把握国家安全形势提供了有力的认识工具，而且为我们解决复杂性安全问题、实现国家长治久安提供了科学的方法。

3. 总体国家安全观是保障民族复兴的新理念

实现中华民族伟大复兴，是中华民族的根本利益和最高利益，是我们这个时代的最强音。当代中国正处于由大国向强国迈进的重要关口，正处于全面建成小康社会的决胜阶段，正处于实现中华民族伟大复兴的关键时期。越是接近奋斗目标，前进阻力和风险压力就越大。这既对国家安全工作提出了新挑战，也为做好国家安全工作提供了新机遇。坚持总体国家安全观，归根到底是为了更好维护和延长我国发展重要战略机遇期，确保中华民族伟大复兴进程不被滞缓或打断。

（二）总体国家安全观的丰富内涵

总体国家安全观以人民安全为宗旨，以政治安全为根本，以经济安全为基础，以军事、文化、社会安全为保障，以促进国际安全为依托，组成“五位一体”的安全架构。

人民安全是国家安全的宗旨，是党的性质和宗旨的重要体现，归根到底就是在党的领导和中国特色社会主义制度下，坚持以民为本、以人为本，坚持国家安全一切为了人民、一切依靠人民，为群众安居乐业提供坚强保障。加强保障和改善民生工作，缩小分配收入差距，大幅减少扶贫对象，从源头上预防和减少社会矛盾的产生。不断提高人民的安全感、获得感、幸福感是检验国家安全的根本标准。

政治安全是国家安全的根本，核心是政权安全和制度安全，最根本的就是维护党的领导，维护中国特色社会主义制度，维护以习近平同志为核心的党中央的权威。只有从维护政治安全的高度谋划和推进国家安全工作，才能更好地保障国家利益，实现人民安居乐业和国家长治久安。

经济安全作为基础，要以经济建设为重心，把发展作为最大的安全，特别注重金融安全、资源能源安全、粮食安全、科技安全、重大基础设施网络安全、生态安全、产品安全等，强化风险防控，确保经济持续健康稳定发展，筑牢国家繁荣富强、人民幸福安康、社会和谐稳定的物质基础。

军事安全、文化安全、社会安全作为保障，要求在军事安全上，更好地坚持党对军队的绝对领导、坚持人民军队根本宗旨，使军队真正担当起党赋予的历史重任；紧跟世界新军事革命加速发展潮流，大力推进军事创新，积极构建中国特色军事力量体系；按照能打仗、打胜仗的要求大力拓展和深化军事斗争准备，提高以打赢信息化条件下局部战争能力为核心的完成多样化军事任务的能力。在文化安全上，要坚持中国特色社会主义先进文化前进方向和发展道路，培育和践行社会主义核心价值观，巩固马克思主义在意识形态领域的指导地位，巩固全党全国各族人民团结奋斗的共同思想基础；加大对中国人民和中华民族的优秀文化和光荣历史的宣传力度，通过多种方式，加强爱国主义、集体主义、社会主义教育，引导人民树立和坚持正确的历史观、民族观、国家观、文化观，增强做中国人的骨气和底气。在社会安全上，要加快形成科学有效的社会治理体制机制，改进社会治理方式，健全公共安全体系，加强网络空间治理和网络秩序维护，激发社会组织活力，提高社会治理水平，确保社会安定有序。

促进国际安全作为依托，要求超越“你输我赢、你兴我衰”的“零和”思维，积极倡导普遍安全、平等安全、包容安全、合作安全理念；既重视自身安全，又重视共同安全，通过促进国际安全来增强自身安全，打造命运共同体，推动各方朝着互利互惠、共同安全的目标相向而行；努力营造和谐稳定的国际和地区安全环境，搭建国际和地区安全合作新架构，走共建、共享、共赢的安全之路。积极参与地区和全球治理，加大建设性参与解决热点、难点问题的力度，为世界和平与发展做出应有的贡献。

二、国家安全形势

国家安全形势既包括传统安全形势，也涵盖了各种非传统安全形势。传统安全主要包括一个国家的军事安全、政治安全、意识形态安全，非传统安全主要指的是经济安全、金融安全、社会安全、文化安全、生态环境安全等。当前，我国不仅依然面临着政治、军事、外交等传统安全威胁的挑战，而且面临着恐怖主义、跨国犯罪、环境污染、自然灾害等非传统安全威胁。

中国致力于全面建成小康社会和构建社会主义和谐社会，经济发展、政治稳定、民族团结、社会进步的局面得到巩固，综合国力显著提升，国际地位和国际影响提高。特别是中国提出亲、诚、惠、容的周边外交理念，坚持与邻为善、以邻为伴，睦邻、安邻、富邻的周边外交基本方针，积极推动构建周边命运共同体，与周边国家的睦邻友好不断推进，与各国互利共赢的格局逐步形成。在睦邻友好政策和以发展经济为中心政策的推动下，我国经济发展、政治稳定，国际声望和影响力明显提高。我国积极推动丝绸之路经济带和21世纪海上丝绸之路即“一带一路”建设，主动发展与沿路国家的经济合作伙伴关系。但同时，也有新的情况、新的挑战出现。

（一）美国对我国实施全方位遏制

美国新公布的《国家安全战略报告》《2018美国国防战略报告》及《核态势审议报告》都将我国和俄罗斯列为主要竞争对手。美国的全球战略，一是遏制中国，二是打压俄罗斯。遏制中国的实质是企图延缓中国上升为世界强国的速度。

政治上，美国加紧实施“西化”“分化”战略。美国加大对我国实施西化、分化的力度，以期实现其独霸世界和“消灭共产主义”的野心。美国统治集团认为，社会主义中国日益强大终将对美国的利益构成“威胁”，美国视我国为其称霸的主要障碍，明确将我国列为美国全球战略对手之一，始终对我国怀有敌意。

军事上，美国加紧对我国的围堵。近年来，美国加紧在我国周边地区投棋布子，对我国进行预防遏制的战略部署。通过强化军事同盟和对我国周边国家进行军事渗透，逐步缩小对我国的军事包围圈。美国利用军事手段对我国进行牵制、打压的可能性越来越大，并企图以武力阻止我国解决台湾问题。近年来，美军开始进行新一轮军事战略调整，将其传统的战略重心由欧洲转向亚太地区，将主要防范对象由俄罗斯转变为中国和朝鲜，暗中甚至公然支持“台独”势力，严重干涉了中国内政。

经济上，对我国进行遏制打压，展开贸易战。一是企图按美国的模式将我国纳入其主导的世界经济体系，在攫取经济利益的同时加强对我国的经济渗透和控制，多次以中美贸易顺差为借口，逼迫人民币升值；二是以保护知识产权为借口，对我国企业无端指责，多次以反倾销为名，征收高额反倾销税，给我国出口企业造成巨大的经济损失；三是在高科技领域实施封锁，对我国进口商品严格审查和控制，征收高额关税，甚至有人要求美国国会加强对中国在美投资的审批和监管，防止“先进技术流入中国”。

所以，我们面临的传统安全形势（军事安全、经济安全、国土安全等形势）还是非常严峻的。中美关系是当今国际关系的重心，只有处理好中美关系，我们的周边关系、大国关系才能够逐步理顺。

（二）周边安全形势复杂多变

我国的周边安全形势非常复杂。我国与 14 个国家陆地接壤，与 8 个国家隔海相望，邻国较多。陆地边界，我们已与 12 个国家进行了划界，但海洋争端日趋复杂。近年来，我国在东海、南海方向，维护领土主权和海洋权益的形势严峻。东海方向中日东海大陆架争端，争议面积达 21 万平方千米。关于钓鱼岛问题，日本右翼推动的“购岛闹剧”，使得钓鱼岛争端进一步升级，不断激化东海海域紧张局势。南海方向我国的海域面积有 200 多万平方千米，与 6 个国家有关。为妥善处理争端，积极发展睦邻友好关系，我国提出了“亲、诚、惠、容”的理念，积极推动睦邻友好，诚心诚意对待周边国家，讲平等、重感情，常见面、多走动，争取更多朋友和伙伴，使周边国家对我国更友善、更亲近、更认同、更支持。本着互惠互利的原则同周边国家开展合作，让周边国家得益于我国的发展，我国也从与周边国家的共同发展中受益。我国以更加开放的胸襟和更加积极的态度促进地区合作，积极做好周边工作，与东盟各国签署了《南海各方行为宣言》，强调要按照联合国宪章和国际法，通过友好协商和谈判来和平解决南海争议，有效地维护了国家利益。另外，朝鲜核问题 2018 年出现峰回路转，朝鲜半岛北南双方抓住平昌冬奥会的契机密集互动。2018 年 3 月 25 日至 28 日，应中共中央总书记、国家主席习近平邀请，朝鲜劳动党委员长、国务委员会委员长金正恩对我国进行了非正式访问，2019 年 1 月 7 日至 10 日金正恩再次访华，凸显了中国在解决朝核问题上的战略主导作用，使朝鲜半岛生乱生战的危机势头得以遏制。

（三）维护国家领土完整面临挑战

台湾问题事关国家统一和长远发展，国家统一是中华民族走向伟大复兴的历史必然。但是，台湾当局的分裂活动使台湾问题复杂化。美国不断利用台湾问题打压我国，给中美关系制造麻烦，加剧了台海紧张局势。特别是民进党蔡英文上台以后，否认一个中国原则，从未承认“九二共识”。她千方百计阻挠和破坏两岸关系，两岸联系沟通机制进入停摆状态。台湾当局分裂祖国的所作所为，破坏了台湾地区的和平，严重阻碍了祖国统一，极大地伤害了两岸同胞的感情。“台独”主张违背全体中国人的根本利益，台湾当局的分裂活动是两岸关系和平发展的最大威胁，必然遭到强烈谴责与反对，中国政府绝对不会对任何制造“台湾独立”的行径坐视不管。

我国政府始终高度重视台湾问题的解决。1949年以来，中国共产党、中国政府、中国人民始终把解决台湾问题、实现祖国完全统一作为矢志不渝的历史任务。团结台湾同胞，推动台海形势从紧张对峙走向缓和改善，进而走上和平发展道路，使两岸关系不断取得突破性进展。70多年来，中国共产党每一代领导集体根据不断变化的国际形势和两岸局势，积极探索两岸统一之路。2019年1月2日在纪念《告台湾同胞书》发表40周年纪念会上，习近平总书记提出新时代坚持“一国两制”和推进祖国和平统一的五项重大主张：携手推动民族复兴，实现和平统一目标；探索“两制”台湾方案，丰富和平统一实践；坚持一个中国原则，维护和平统一前景；深化两岸融合发展，夯实和平统一基础；实现同胞心灵契合，增进和平统一认同。

实现祖国统一是每一名中华儿女的热切期盼。爱国主义是动员和鼓舞中国人民团结奋斗的一面旗帜，是维护民族团结和国家统一、推动我国历史前进的巨大力量，是各族人民共同的精神支柱。两岸同胞都是中国人，血浓于水、守望相助的天然情感和民族认同，是任何人任何势力都无法改变的！台海形势走向和平稳定、两岸关系向前发展的时代潮流，是任何人任何势力都无法阻挡的！国家强大、民族复兴、两岸统一的历史大势，更是任何人任何势力都无法阻挡的！

（四）我国国内安全出现新的情况

改革开放以来，我国社会加速转型，社会矛盾积聚。当前国内的社会矛盾进入了多发期，国内安全出现了新的格局。受境外渗透加剧、境内民族分裂势力、宗教极端势力、暴力恐怖势力的叠加影响，恐怖袭击事件频繁发生，宗教极端活动升温，暴力恐怖活动在我国处于多发期、活跃期，反恐怖斗争任务仍然很艰巨。高技术犯罪、网络犯罪、电信诈骗、食品安全等社会治安问题突出。在经济方面，物价、房价上涨，对我们国家的经济安全构成严峻的挑战。另外，干部队伍也存在精神懈怠、能力不足、脱离群众、消极腐败等问题，而腐败本身就是威胁我国政治安全的一个毒瘤。因此，我国一直加大反腐力度，用法治建设、体制改革、制约权力等一系列组合拳遏制腐败，加强党风廉政建设。

（五）信息安全问题日益突出

习近平总书记指出，当前互联网核心技术是我们最大的“命门”，核心技术受制于人是我们最大的隐患。我们要掌握我国互联网发展的主动权，保障互联网安全、国家安全，必须突破互联网核心技术难题。由于互联网核心技术受制于人，特别是互联网主要的根服务器都在美国，美国的一些极端保守势力曾经狂妄叫嚣，不用通过发动战争他们就可以将三峡大坝摧毁。这尽管有些耸人听闻，但是我们还是要高度关注和重视。目前，网络监听、网络攻击、网络犯罪、网络恐怖活动增多，甚至意识形态领域的网络战已经打响。网络安全已经成为我国面临的最复杂、最现实、最严峻的非传统安全问题。

三、军事热点领域竞争激烈

（一）电磁空间

电磁空间是随着电子信息技术的广泛应用而被重视起来的物理空间。电磁空间安全直接关系战争主动权的掌握，在军事领域，电磁空间是继陆、海、空、天战场之后的“第五维战场”，军队建设和作战对电磁空间的依赖程度越来越高。电磁空间的信息争夺是情报战、电子战、网络战的基本内容，是敌我双方争夺信息优势的主要战场。电磁空间的信息争夺就是要获得信息优势，夺取制电磁权。未来战争中如果没有制电磁权，就没有制空权、制海权和制天权，就没有作战的主动权。

（二）太空领域

早在海湾战争中，美军就动用了预警卫星、雷达成像侦察卫星、海洋监视卫星等 70 多颗卫星，为多国部队提供侦察预警、指挥通信、导航定位等作战保障，极大提升了联合作战效能。之后，在美军主导的数场局部战争中，美太空部队都成功向作战部队提供“精准”信息，使作战高效而精准。俄军在叙利亚军事行动中充分运用太空力量，先后动用测绘卫星、信号中继卫星等 10 颗新型卫星，组成多任务卫星群，进行目标识别、战场测绘、信息收集和指挥通信，战场效果明显。太空是国际战略竞争制高点，太空安全是国家建设和社会发展的战略保障。着眼和平利用太空，中国积极参与国际太空合作，加快发展相应的技术和力量，统筹管理天基信息资源，跟踪掌握太空态势，保卫太空资产安全，提高安全进出、开放利用太空能力。

（三）网络空间

网络信息技术催生了人类活动新的空间——网络空间，而网络空间直接影响社会政治、经济、文化、金融等领域。网络领域已经成为世界各国军事角逐的新空间。目前，西方军事强国纷纷组建自己国家的网络战略和网络领导机构以及网络部队。美军于 2002 年建立了世界首支网络部队，2010 年成立了网络战司令部并建有 133 支网络作战分队。2017 年，美军将网络战司令部升级为一级联合作战司令部。美国国防部 2018 年发布的《国防战略报告》中提到：发展从战术到战略水平的弹性联邦网络及信息生态系统，以获取有用信息，阻止对手获得相同优势。俄罗斯军队于 2013 年着手组建网络空间司令部，将联邦安全局、内务部和武装力量的网络安全力量组 t 合成网络战主体力量。英国等国家为了赢得网络空间主动权，不断加大信息技术的研发投入，推动军队、地方协同创新，特别是针对新一代信息网络技术的协议规范、网络架构、通信安全等开展预先研究。

中国军队也加快了网络空间力量建设，大力发展网络安全防御手段，建设与中国国际地位相称、与网络强国相适应的网络空间防护力量，筑牢国家网络边防，及时发现和抵御网络入侵，保障信息网络安全，坚决捍卫国家网络主权、信息安全和社会稳定。

（四）人工智能

人工智能作为赢得未来战争的战略重点，成为多国竞相研发的新利器。世界主要军事强国都将人工智能视为大国博弈的战略重点。美国出台了《国家人工智能研究与开发战略规划》，从国家战略层面进行整体推进，推动人工智能技术的发展应用。美国国防部将机器学习、人机协同等作为支撑“第三次抵消战略”，以及打赢未来的智能化战争的关键技术。

人工智能技术正在重塑战场面貌。以人工智能技术为核心的高新技术群正加速进入军事领域，将深刻改变人类认知、作战理论与作战方式，掀起战争形态的重大变革。当今世界，军队的智能化程度越来越高，智能化无人作战力量已成为未来智能化战争的重要力量，实现从战略到战术的无缝链接，形成多维一体、全域攻防、快速突击的整体合力。只有把握智能化战争演进脉搏，预判智能化战争的图景特征，透视智能化战争的内在本质，探索智能化战争的制胜机理，才能驾驭正在到来的智能化战争。

（五）新概念武器

世界科技革命浪潮汹涌，正在引发新一轮世界范围的重大军事革命。其中，新概念武器的研制和发展，是确立军事高技术优势的重要举措。新概念武器包括激光武器、微波武器、动能武器等，与传统武器相比，新概念武器在基本原理、杀伤破坏机理和作战方式上都有显著不同，投入使用后往往能大幅提高作战效能。

激光武器是利用电能、化学能等能量，通过激光器产生激光。因为激光的能量很高，可以利用激光将能量传导到目标上，达到破坏或者击毁目标的目的。由于激光以光速运行，所以激光武器的优点是速度快。微波是一种特殊的电磁波，其波长在 1 毫米至 1 米之间，电能、化学能等能量可经微波发生器转化为微波。利用微波武器可重点打击包含电子元器件的各种目标，其优势就是对电子类目标具有较强的打击能力。动能武器是指高速飞行且直接利用战斗部的动能撞击目标的武器，其特点是速度快、动能大、精度高，但其技术难度较大，只有少数国家具备研制动能武器的能力。

未来战争将是新概念武器的竞争和较量。新概念武器在现代战争中扮演着越来越重要的角色，在一定条件下还可起到撒手锏的作用，对缩短战争进程产生重大影响。为此，世界各国都在殚精竭虑地研制各类高精尖武器，以抢占未来战争的制高点。

四、维护国家安全是公民的责任

国家安全事关每个人的幸福、社会的进步和民族的复兴。国家安全得不到保障，人民群众的幸福生活就无从谈起，社会不可能发展进步，民族的复兴也不可能实现。国家安全是个人幸福的前提，是社会进步的条件，是民族复兴的保障。

（一）维护国家安全需要人人尽责

国家安全与每个人息息相关，维护国家安全需要构筑人民防线和社会堤坝。人人有责，是提醒人们不要忘记维护国家安全就是自己的事情，而不是与己无关。人人尽责，是敦促人们依法作为，担负起自己所应担负的那份责任。有责、尽责同属于一个要求，只不过前者注重责任意识的增强，而后者注重责任的落实。无论是集体还是个人，都应遵照《中华人民共和国国家安全法》的规定履职尽责。

（二）公民要履行维护国家安全的法律义务

依法维护国家安全的关键是公民要认真履行国家安全的法律义务。根据《中华人民共和国国家安全法》第七十七条规定，公民和组织应当履行下列维护国家安全的义务：一是遵守宪法、法律法规关于国家安全的有关规定；二是及时报告危害国家安全活动的线索；三是如实提供所知悉的涉及危害国家安全活动的证据；四是为国家安全工作提供便利条件或者其他协助；五是向国家安全机关、公安机关和有关军事机关提供必要的支持和协助；六是保守所知悉的国家秘密；七是法律、行政法规规定的其他义务。任何个人和组织不得有危害国家安全的行为，不得向危害国家安全的个人或者组织提供任何资助或者协助。每个公民都要认真履行法律义务，自觉承担起维护国家安全的责任。

（三）要自觉维护国家安全利益

人民是国家的主人，国家安全归根结底靠的是每位公民的自觉维护。2015 年 7 月 1 日全国人民代表大会常务委员会通过的《中华人民共和国国家安全法》规定：中华人民共和国公民有维护国家安全的责任和义务。维护国家主权、统一和领土完整是包括港澳同胞和台湾同胞在内的全中国人民的共同义务。只有广大公民将维护国家安全视为自觉行动，愿为国家安全工作贡献更多力量，国家安全利益才能得到更加持久、更加可靠的维护。

复习思考题

1. 简述我国的国防领导体制。
2. 简述我国国防建设的主要成就。
3. 维护国家安全公民的责任是什么？
4. 我国的国防政策有哪些？

第二章　人民军队

教学要求

了解中国人民解放军的性质、宗旨和光辉战斗历程，了解中国人民解放军光荣传统的基本内容，培养学生热爱人民军队的感情。

没有一个人民的军队，便没有人民的一切。人民军队来自人民，服务人民，是中国共产党领导的新型人民武装力量，这支军队在党的领导下，从无到有，由小到大，由弱到强，为中国革命的胜利、为保卫人民的和平劳动立下了不朽的功勋。

第一节　人民军队的性质、宗旨

一、人民军队的性质

中国人民解放军是中国共产党缔造和领导的，用马克思列宁主义、毛泽东思想和邓小平理论、“三个代表”重要思想、科学发展观和习近平新时代中国特色社会主义思想体系武装的人民军队，是中华人民共和国的武装力量，是人民民主专政的坚强柱石。1989 年 11 月 12 日，邓小平同志指出：“我确信，我们的军队能够始终不渝地坚持自己的性质。这个性质是，党的军队，人民的军队，社会主义国家的军队。”

（一）中国共产党领导的军队

这是由中国共产党和这支军队的性质决定的，中国共产党是无产阶级的政党，是国家建设的领导者，是全国各族人民利益的忠实代表。人民军队必须完全地无条件地置于中国共产党的领导之下，毫不动摇地坚持党指挥枪的原则，做到一切行动听从党中央和中央军委的指挥；是党指挥枪，而决不允许枪指挥党。中国革命主要的斗争形式是武装斗争，主要的组织形式是军队。中国共产党在领导中国革命的武装斗争中，缔造了自己的军队，并领导这支军队从小到大，由弱到强。没有党的领导，没有党领导的这支军队，就没有中国革命的胜利。中国人民解放军作为党缔造和领导的无产阶级军队，是执行党所赋予的政治任务的武装集团。

（二）人民的军队

来自人民，服务人民，与人民保持着不可分离的血肉联系，是这支军队的特色。除了中国人民的根本利益，这支军队没有超越于人民之上的特殊利益。中国人民解放军是真正的人民子弟兵，与人民具有骨肉之情和鱼水关系，是永远无法分离的 。

（三）社会主义国家的军队

随着社会主义国家政权的建立，中国人民解放军不仅是党的军队、人民的军队，而且是社会主义国家的军队。军队作为国家机器的重要组成部分，具有巩固人民民主专政、服务国家的职能。保卫社会主义祖国，建设社会主义国家，是这支军队肩负的双重历史任务。党的军队，人民的军队，社会主义国家的军队，三者是完全一致的。无产阶级和广大人民群众的根本利益，就是人民军队为之奋斗的目标所在。人民解放军将永远忠于党，忠于国家，忠于人民，忠于社会主义。

二、人民军队的宗旨

紧紧地和中国人民站在一起，全心全意地为人民服务，是中国人民解放军的唯一宗旨。

无论是战争年代还是和平建设时期，人民军队始终坚持全心全意为人民服务，受到人民群众的广泛拥护和欢迎。历史上，一切反动军队，都是维护剥削阶级利益的工具，是与广大人民群众相对立的。人民军队是中国共产党缔造和领导的新型革命军队，官兵绝大多数来自工农大众，是人民的子弟，与人民群众有着血肉般的联系。

建军之初，人民军队命名为工农革命军，后改称工农红军，强调的就是这支军队区别于一切反动军队而是为工农求解放的队伍。1945 年 4 月 24 日，毛泽东在中共七大上所作的《论联合政府》的政治报告中说：“这个军队之所以有力量，是因为所有参加这个军队的人，都具有自觉的纪律；他们不是为着少数人的或狭隘集团的私利，而是为着广大人民群众的利益，为着全民族的利益，而结合，而战斗的。紧紧地和中国人民站在一起，全心全意地为中国人民服务，就是这个军队的唯一的宗旨。”这一宗旨，要求人民军队的每一个成员，必须以为人民服务为己任，为人民扛枪，为人民打仗，绝不能谋少数人或狭隘集团的私利，绝不能为升官发财、出人头地捞个人好处，必须全心全意地为人民服务，而不能半心半意、三心二意，更不能假心假意，只要人民需要，即使献出生命也在所不惜；必须把人民的利益放在高于一切、重于一切的位置，以是否符合人民的利益作为一切言论和行动的最高标准，自觉把个人的理想、前途和命运融入为人民服务的伟大事业中。

“全心全意为人民服务”像一条红线贯穿于人民军队的战斗历程。艰苦卓绝的战争年代，无数先烈对人民无限热爱，赤胆忠心。战场上舍生忘死，英勇杀敌；敌人刑场上威武不屈，视死如归；在人民危难之际挺身而出，奋不顾身，用高度的自我牺牲精神谱写了一曲曲“人民翻身我翻身、人民解放我解放”的颂歌。和平建设时期，为了人民的幸福安宁，一代又一代官兵不图名、不图利，默默地工作在祖国的边疆、海岛，以及需要军人奋斗的一切地方，使全心全意为人民服务的精神薪火相传、深深扎根。一部人民解放军的历史，就是一部全心全意为人民服务的壮丽史诗。

三、人民军队的使命任务

中华人民共和国的武装力量属于人民，它的任务是巩固国防，抵抗侵略，保卫祖国，保卫人民的和平劳动，参加国家建设，全心全意为人民服务。

“巩固国防，抵抗侵略，保卫祖国，保卫人民的和平劳动”，是宪法赋予人民军队的神圣职责。人民军队承担着维护国家主权独立完整和安全的神圣职责。进入新时代，人民军队依据国家安全和发展战略要求，坚决履行党和人民赋予的使命任务，为巩固中国共产党领导和社会主义制度提供战略支撑，为捍卫国家主权、统一、领土完整提供战略支撑，为维护国家海外利益提供战略支撑，为促进世界和平与发展提供战略支撑。把一个个哨位、战位、岗位变成侵略者无法逾越的钢铁堡垒，连成实现中华崛起的安全屏障。一旦国家的主权、安全和统一受到挑战和侵犯，将毅然决然，挺身而出，用热血和生命续写新一代精忠报国的胜利篇章。

第二节　人民军队发展历程

1927 年 8 月 1 日，周恩来、贺龙、叶挺、朱德、刘伯承等领导北伐军两万余人，在南昌举行起义，打响了武装反抗国民党反动派的第一枪，揭开了中国共产党创建革命军队的序幕。

从南昌起义至今 90 多年的历史中，英雄的人民军队，在中国共产党的绝对领导下和全国各族人民的大力支援下，脚踏祖国大地，背负着民族的希望，穿越民族解放战争和人民解放战争的炮火硝烟，战胜了许多强大的敌人，征服了无数的艰难险阻，经受了种种严峻的考验，为实现中华民族的独立和解放，捍卫伟大祖国的主权和统一，保卫社会主义革命和建设，保卫人民和平安定的生活，做出了不可磨灭的杰出贡献。

一、在土地革命战争中创建

1927 年大革命失败后，中国共产党从血的教训中深刻认识到武装斗争的极端重要性，开始创建新型人民军队。继南昌起义之后，秋收起义、广州起义和党领导的海陆丰、黄麻、平江、百色等100多次武装起义点燃了武装夺取革命胜利的熊熊烈火，奠定了党独立领导革命武装的基础，中国人民有了自己可以信赖的军队。

1928年4月，朱德、陈毅率领的南昌起义部队和湖南的工农武装同毛泽东领导的工农革命军在井冈山胜利会师，巩固和壮大了井冈山革命根据地。井冈山的星星之火，很快形成燎原之势，全国先后建立了十多个革命根据地。如火如荼的革命形势，引起了国民党反动派的极大恐慌。1930年10月到1933年春，国民党反动派先后向中央根据地发动了四次反革命“围剿”。红军采取毛泽东同志制定的“诱敌深入、歼敌于根据地之内”的战略方针，连连获胜。

正当革命烈火熊熊燃烧之际，毛泽东同志的正确战略战术受到党内“左”倾错误领导的排斥。红军艰苦奋战一年多，未能打破敌人的第五次“围剿”。1934年10月，各个根据地的红军主力被迫开始进行远距离的战略转移——长征。在长征途中，党召开了遵义会议，确立了以毛泽东为核心的新的党中央的正确领导，于危急关头挽救了红军，挽救了革命，挽救了党，成为我党历史上一个生死攸关的转折点。此后，红军转危为安，四渡赤水，巧渡金沙江，强渡大渡河，经过14个省，翻越18座大山，跨过24条大河，走过荒草地，翻过雪山，中央红军进行了380余次战斗，攻占700多座县城，摆脱了数十万敌人的围追堵截，行程约二万五千里，红一方面军于1935年10月到达陕北，与陕北红军胜利会师。1936年10月，红二、四方面军到达甘肃会宁地区，同红一方面军会师。红军三大主力会师，标志着万里长征的胜利结束。红军创造的人类历史上第一次长征的英雄壮举，表明中国共产党及其领导下的人民军队是不可战胜的。

二、在抗日战争中发展壮大

1931年9月18日，日本侵略者发动了震惊中外的九一八事变。九一八事变成为中国人民抗日战争的起点，揭开了世界反法西斯战争的序幕，从此，中国人民开始了艰苦卓绝的抗日战争。1937年7月7日，日本侵略者发动卢沟桥事变，中国全民族抗战开始。在民族危亡的紧急关头，中国共产党以民族大义为重，积极倡导和促成了抗日民族统一战线，红军的主力部队改称国民革命军第八路军，简称“八路军”；将活动在江西、福建、广东、湖南、湖北、浙江、安徽等八省的红军游击队集中起来，改称为国民革命军新编第四军，简称“新四军”。在党的正确领导下，八路军 、新四军及其他革命武装，深入敌后开展游击战争，用血肉之躯筑起新的长城，成为抵抗日本帝国主义侵略的中流砥柱。八路军首战平型关，歼灭日军精锐部队1 000多人，取得了全国抗战开始后中国军队的第一次大捷；“百团大战”破袭日军交通线，沉重打击了日军的嚣张气焰；破袭战、地雷战、地道战等作战形式，令侵略者心惊胆寒。据不完全统计，艰苦卓绝的14年抗战中，八路军、新四军和其他革命武装对敌作战

12.5万余次，歼敌170余万人，为赢得中国近代以来反侵略战争的第一次彻底胜利，做出了杰出贡献，在中华民族历史上书写下光辉的篇章。

三、在解放战争中百炼成钢

抗日战争胜利后，国民党反动派在美帝国主义支持下，破坏“双十协定”，撕毁政协决议，发动全面内战，企图把中国重新引向黑暗。1946年，八路军、新四军陆续改称为中国人民解放军。面对武器装备精良的国民党军队，中国人民解放军在毛泽东军事思想指引下，敢于斗争，善于斗争，集中优势兵力，各个歼灭敌人。1947年6月，刘伯承、邓小平指挥的晋冀鲁豫解放军主力千里跃进大别山，揭开了人民解放军战略反攻的序幕。在战略形势发生重大变化的情况下，党中央、中央军委审时度势，毅然决定与国民党反动派进行战略决战。1948年9月以后的四个多月时间里，人民军队先后发动了气势磅礴的辽沈、淮海、平津三大战役，共歼灭和改编国民党军队150多万人，基本摧毁了国民党赖以维持其反动统治的主要军事力量。三大战役规模之宏大、战果之辉煌、指挥艺术之高超，在中外战争史上实属罕见。随后，百万雄师横渡长江，以摧枯拉朽之势向全国大进军，用胜利的捷报迎来了新中国的诞生。

四、在社会主义建设和改革开放中前进

随着中华人民共和国的建立，中国人民解放军成为人民民主专政的坚强柱石。1950年10月，当美帝国主义把战火烧到鸭绿江边、新中国面临严重威胁时，志愿军雄赳赳、气昂昂跨过鸭绿江，抗美援朝，保家卫国，同朝鲜人民并肩作战，打败了不可一世的美国侵略者。

新中国成立以来，三军将士在万里边关设防，在陆地、海上、空中巡逻值勤，警惕地守卫着祖国的每一寸领陆、领海和领空。为了祖国的繁荣富强，中国人民解放军发扬既是战斗队又是工作队、生产队的优良传统，服从国家大局，肩挑保卫祖国、建设祖国两副重担。在屯垦新疆，开发大庆油田、胜利油田，治理淮河、黄河、海河，建设川藏、青藏、新藏公路，修建成昆、京九铁路等国家重点工程中，洒下辛勤汗水。在国家和人民生命财产受到严重自然灾害威胁时，哪里有险情，哪里就有广大指战员的铮铮铁骨、闪闪红星；哪里有呼唤，哪里就有子弟兵气壮山河的回答和奋不顾身的举动。事实证明，中国人民解放军不愧为党绝对领导下的人民军队，不愧为全心全意为人民服务的子弟兵，不愧为保卫国家和人民的钢铁长城，是党和人民完全可以信赖的革命队伍。

进入改革开放的新时期，人民军队在服从国家经济建设大局的前提下加强军队建设，提出建设一支强大的现代化正规化革命军队的总目标，领导实现军队建设指导思想完成战略性转变，各项建设和改革取得了新的成就，人民军队在中国特色强军之路

上阔步前行，已发展成为诸军兵种合成，具有一定现代化水平并加快向信息化迈进的强大军队。

五、在新时代强军征程中谱写新篇章

党的十八大以来，以习近平同志为核心的党中央着眼实现中华民族伟大复兴中国梦，紧紧围绕新时代建设一支什么样的强大人民军队、怎样建设强大人民军队，提出了建设一支听党指挥、能打胜仗、作风优良，把人民军队全面建成世界一流军队党在新时代的强军目标。重振政治纲纪、重塑组织形态、重构建设布局、重树作风形象，深入推进政治建军、改革强军、科技兴军、依法治军，着力强化练兵备战，在改革征程上不断创新，实施改革强军战略，完善和发展中国特色社会主义军事制度，加快构建能够打赢信息化战争、有效履行使命任务的中国特色现代军事力量体系。按照军委管总、战区主战、军种主建的总原则推进领导指挥体制改革，构建起中央军委—战区—部队的作战指挥体系、中央军委—军种—部队的领导管理体系，实现军队组织架构历史性变革。推进规模结构和力量编成改革，改变长期以来陆战型、国土防御型的力量结构和兵力布势，建设强大的现代化陆军、海军、空军、火箭军、战略支援部队、联勤保障部队和武装警察部队，构建起中国特色现代军事力量体系，取得了有目共睹的显著成绩，人民军队体制一新、结构一新、格局一新、面貌一新，不断开创人民军队建设的新局面，推动军队面貌发生了前所未有的变化。

第三节 人民军队光荣传统

中国人民解放军这支新型的人民革命军队，在战争年代，为夺取革命政权进行了长期艰苦卓绝的斗争，在社会主义建设时期，为保卫国家领土、主权的完整和全国各族人民的和平劳动立下了彪炳千秋的功勋，形成了优良的光荣传统。

人民军队的光荣传统主要包括：党对军队绝对领导的根本原则；全心全意为人民服务的唯一宗旨；实行政治民主、经济民主、军事民主三大民主；艰苦奋斗的政治本色；拥政爱民、尊干爱兵的内外关系；高度自觉基础上的严格纪律；压倒一切敌人、一切困难的革命英雄主义；祖国利益高于一切的爱国主义等，人民军队仍然保持并继续发扬着这一系列的光荣传统，并使之成为中华民族宝贵的精神财富之一。

一、艰苦奋斗的政治本色

被称为“东方魔力”“兴国之光”的艰苦奋斗精神是人民军队长期培育形成的光

荣传统。

人民军队的艰苦奋斗精神，源于全心全意为人民服务的宗旨，主要包含两层含义：一是为人民勇于吃苦耐劳，无论在任何艰难困苦的场合，都一不怕苦、二不怕死，坚决压倒一切敌人，而决不被敌人所屈服；二是自强不息，奋发图强，为革命事业一往无前，勇攀高峰，不断拼搏进取。人民军队在艰苦斗争中诞生，在流血牺牲中成长。漫长的峥嵘岁月中，强大敌人的凶恶，斗争环境的残酷，物质条件的匮乏，时刻都在威胁着考验着人民军队。正是凭借艰苦奋斗的精神，执着追求、不畏艰难，才赢得了革命的胜利和新中国的诞生。

战争年代需要艰苦奋斗，和平时期仍离不开艰苦奋斗这个“传家宝”。一方面，建设社会主义现代化国家需要艰苦奋斗。人口多，底子薄的国情，决定了在建设富强、民主、文明的社会主义现代化强国的过程中，必须发扬艰苦奋斗优良传统，一步一个脚印地开拓前进。另一方面，建设现代化革命军队需要艰苦奋斗。人民军队的现代化程度还不高，在军费有限、军队和国家经济建设要协调发展，建设现代化正规化革命军队不能消极等待，必须迎难而上，艰苦奋斗。20 世纪 50 年代，毛泽东同志在强调军队要带头艰苦奋斗时，曾这样说过：解放军吃酸菜，“这个酸菜里面就出政治，就出模范。解放军得人心就是这个酸菜，当然，还有别的。现在部队的伙食改善了，已经比专吃酸菜有所不同了。但根本的是我们要提倡艰苦奋斗，艰苦奋斗是我们的政治本色。”

新时代要继续保持艰苦奋斗的优良传统，这一传统没有过时，这一传统不能丢。正如习近平总书记指出的，“奋斗是艰辛的，艰难困苦、玉汝于成，没有艰辛就不是真正的奋斗，我们要勇于在艰苦奋斗中净化灵魂、磨砺意志、坚定信念。”并强调要“把艰苦奋斗精神一代一代传承下去”，艰苦奋斗优良传统在新形势下仍然是激励广大官兵不断前进的精神支柱。

二、拥政爱民、尊干爱兵的内外关系原则

尊干爱兵，官兵一致，是中国人民解放军性质决定的，是人民军队一贯坚持的基本原则和光荣传统，任何时候都不能改变。

人民军队初创时期，官兵一致，尊干爱兵，就是处理部队内部关系的基本准则，成为团结战斗力、克敌制胜的重要法宝。

军队是一个大家庭，来自天南海北的广大官兵为了全心全意为人民服务的共同革命目标集合到一起，朝夕相处，唇齿相依，结成密不可分的战斗集体。根本利益一致，奋斗目标相同，决定了广大官兵都是部队建设的主人，职务高低，分工不同，官兵情同手足、亲如兄弟，政治上一律平等，没有人格高低贵贱之分。革命军人之间身体力行，

长期养成坚持的军官爱护士兵、士兵尊重军官浓浓的战友情、同志爱，是人世间最纯洁、最宝贵、最值得珍重的人际关系。

中国人民解放军是人民的军队，全心全意为人民服务的宗旨体现在军政、军民关系上，就是尊重地方政府，爱护人民群众。

在我国，地方各级人民政府是当地的政权机关，代表着人民的利益和意志。作为人民子弟兵，人民受苦难时，为人民浴血奋战打江山；人民当家做主后，则应以保卫人民民主专政的国家政权为己任，有责任、有义务拥护和尊重地方各级人民政府。同时，人民军队的建设也离不开地方政府的支持和帮助，军政关系搞得好，有利于部队建设，有利于社会稳定。尊重地方政府、巩固军政团结，是人民军队的一项重要职责。人民军队为人民，人民的意志就是人民军队的意志，爱护人民群众是由人民军队的性质决定的。尊重地方政府、爱护人民群众是人民军队的优良传统。

早在井冈山时期，红军就把宣传群众、组织群众、帮助群众建立工农政权，作为自己的三大任务之一。抗日战争时期，党和毛泽东同志又把“军民一致”同官兵一致，瓦解敌军一起，作为我军政治工作的三大原则。在漫长的革命征途中，前辈拥政爱民的动人事迹，像“天上的星星、到处看得见、数不清”。同时，人民群众从人民军队“爱人民、学人民、为人民”的自觉行动和英雄壮举中，认识到人民军队是自己的军队，给予子弟兵巨大无私的支援，并成为人民军队无坚不摧、战无不胜的“奥秘”所在。

战争年代，军队打胜仗，人民是靠山；现在保卫祖国、建设祖国，人民同样是靠山。巩固和发展“同呼吸、共命运、心连心”的军政、军民关系，是建设有中国特色社会主义和现代化、正规化革命军队的重要基础。

三、高度自觉基础上的严格纪律

“加强纪律性，革命无不胜。”人民军队建立在高度自觉基础上的严格纪律，是人民军队始终保持高度集中统一，受到人民群众拥护爱戴，不断从胜利走向胜利的重要原因。

“军令重如山，纪律严似铁。”纪律是军队的生命，是战斗力的重要组成部分。人民军队素以纪律严明著称于世，从诞生的那天起，就把严守纪律、服从命令作为建军的重要内容。井冈山时期，毛泽东同志亲手为人民军队制定了《三大纪律六项注意》，后来发展完善为《三大纪律八项注意》。根据各时期军队建设的需要，中央军委又陆续颁发了一系列条令条例。其中，最重要的是《内务条令》《纪律条令》和《队列条令》。《内务条令》是建立全军正规的内务制度，维护良好的内外关系，明确职责，进行行政管理，培养优良作风的基本依据；《纪律条令》是维护人民军队纪律，正确实施奖惩，保证部队高度集中统一的基本依据；《队列条令》是规范全军队列动作、队列队形和队列指挥，正确实施队列训练，培养良好的军姿、严整的军容、协调一致的动作、严格的组织纪律性，以适应技术、战术训练和增强战斗力需要的基本依据。人民军队的纪律要求每个军人必须做到：听从指挥，令行禁止；严守岗位，履行职责；尊干爱兵，团结友爱；军容严整，举止端正；提高警惕，保守秘密；爱护武器装备和公物；廉洁奉公，不谋私利：拥政爱民，保护群众利益；遵守社会公德，讲究文明礼貌；缴获归公，不虐待俘虏。在铁的纪律面前，全军人员一律平等。无论军官还是士兵，都必须严格遵守和维护纪律。

历史上，中外军队无不重视“师出以律”，强调“条令条令，条条是令”。不同的是，人民军队的纪律是建立在高度自觉基础上的严格纪律。在中国共产党的长期培育下，全军官兵懂得遵守纪律与全心全意为人民服务的关系，懂得遵守纪律与夺取战争胜利的关系，像爱护生命一样自觉维护纪律。建军 90 多年来，从高级将领到普通士兵，人人以遵守纪律为荣、损害纪律为耻。战争年代，朱德总司令乘车路过岗哨被拦住，他以普通一兵的身份主动接受检查。第三野战军解放上海时，指战员们宁可自己露宿街头，也决不惊扰民宅。抗美援朝战争中，邱少云烈火烧身纹丝不动，直到牺牲始终没有暴露目标。扑灭大兴安岭森林大火时，某部官兵把银行金库的几百万现金以及支票、账本等转移到安全地带，大火熄灭后又如数退还，分毫不差。这种自觉遵守纪律的优良传统有口皆碑，扬名天下，成为人民军队文明之师独具的特色和优势。

四、广泛实行政治、军事、经济上的三大民主

在政治、军事、经济上实行民主制度，是人民军队的一项建军原则，是中国人民解放军的本质特点之一。健全和发展民主生活，是调动官兵积极性和创造精神，进行军队现代化建设，保证各项任务完成的重要条件。

政治民主，是指军官和士兵政治上平等，以主人翁姿态关心部队建设。军官不论职务多高、资格多老，都必须尊重士兵的人格和民主权利，倾听士兵的意见，在工作中实行群众路线，自觉接受群众监督；士兵有权参加连队管理，对部队建设提出合理化建议，通过适当程序批评和监督军官，同一切违法乱纪现象斗争，表扬好人好事，参加评功评奖和评选英雄模范等。

经济民主，是指实行经济公开。无论军官还是士兵，都可以通过军人委员会的经济民主组织，协助连队首长管理伙食和农副业生产，监督经济开支，维护财经制度，定期公布账目，防止和纠正贪污浪费、侵占士兵利益、违反政策等不良现象。

军事民主，是指在训练中，实行官教兵、兵教官、兵教兵，开展评教评学、民主练兵。在作战时，战前发动大家出主意、想办法、解决战术技术难点；战后开展战评活动，总结战斗经验。

实行政治、经济、军事三大民主，是人民军队本质的体现。古往今来，一切剥削阶级的军队，等级制度分明，士兵不仅没有任何权利，不过是“拿枪的奴隶”和供人

驱使的工具。人民军队的广大官兵为了共同的革命目标走到一起，拥有实行广泛民主的沃土。早在井冈山时期，红军就废除了打骂制度，实行官兵同甘共苦，士兵有开会说话的自由。在人民军队发展壮大的各个时期，处处体现着这种优良的革命传统。畅所欲言的讲评干部会，集思广益的战前“诸葛亮会”，你追我赶的杀敌立功竞赛等民主活动，一代一代传下来，使官兵关系亲密无间，军队建设红红火火。优良的民主传统，使全军将士把人民军队的使命当作自己的事业，把杀敌立功的政治勇气充分调动起来，把无穷无尽的聪明才智充分调动出来，没有什么样的困难不能克服，没有什么样的敌人不能战胜。用手榴弹制服敌人的坦克、用木船打败敌人的军舰、用机关枪打掉敌人的飞机等一个个战争史上的奇观，就这样被创造出来。民主出觉悟、民主出勇敢、民主出智慧，是人民军队几十年反复实践证明了的伟大真理。

人民军队的政治、经济、军事三大民主，不仅有着实实在在的内容，而且有一系列健全的民主生活制度保障：（1）连队设立军人委员会。军人委员会在党支部领导和连长、指导员指导下，组织官兵开展政治、经济、军事三大民主和其他群众性活动，在连队建设和完成各项任务中发挥参谋作用，在维护政策纪律和军人正当利益上发挥监督作用，在密切官兵关系和军民关系中发挥桥梁作用。（2）连队每月或一个工作阶段召开一次军人大会。由连首长或军人委员会报告工作，传达布置任务，听取全体军人的批评和建议。（3）旅团每年召开一次军人代表会议。主要任务是听取和审议旅团首长工作报告，反映广大官兵的意愿和要求，维护军人的合法权益，提出改进工作的意见和建议等。军人代表由民主选举产生。（4）每周召开班务会。通过检查小结一周的工作，使每个士兵都有充分发表意见的机会。（5）旅团适时召开士兵代表座谈会，征求意见，改进工作。（6）军官定期向部属述职，组织官兵民主评议。这些民主生活的基本制度，在部队中造成了既有集中又有民主、既有纪律又有自由、既有统一意志又有个人心情舒畅这样一种生动活泼的局面，使人民军队的民主传统更充分、更广泛地体现出来。

五、压倒一切敌人、一切困难的革命英雄主义

革命英雄主义是人民军队的宝贵精神财富。继承这一优良传统，必须大力发扬“五种革命精神”，这就是：革命和拼命精神，严守纪律和自我牺牲精神，大公无私和先人后己的精神，压倒一切敌人、压倒一切困难的精神，坚持革命乐观主义、排除万难去争取胜利的精神。

20 世纪 50 年代初，毛泽东同志在总结抗美援朝战争经验时曾这样说过：志愿军打败了美国佬，靠的是一股气，美军不行，钢多气少。毛泽东同志所说的这种“气”，就是我军敢于压倒一切敌人、压倒一切困难的革命英雄主义。

革命英雄主义，是指为了祖国和人民的利益，不怕艰难困苦，不怕流血牺牲，坚

韧不拔，一往无前的那么一股劲、那么一种精神。它包含极其丰富的内容，主要包括：

1. 勇于牺牲的献身精神

在战时，临危不惧，勇于献身，“宁可前进一步死，决不后退半步生”；在平时，不计得失，默默奉献，甘愿“吃亏我一个，幸福十亿人”，以大公无私的自我牺牲精神为党和人民忘我工作。

2. 英勇顽强的战斗作风

在履行使命中，无论面对什么样的困难，都有不惧艰辛，不怕疲劳，连续作战，坚决完成任务；无论面对多么强大的敌人，都攻必克、守必固，敢打敢拼，奋勇向前，誓与敌人血战到底。

3. 坚贞不屈的革命气节

在关键时刻和重大原则问题上，对党和人民的事业忠心耿耿，富贵不能淫、贫贱不能移、威武不能屈，始终坚定革命的政治信念，保持革命军人的高风亮节。

4. 坚韧不拔的革命意志

始终如一、矢志不渝地朝着既定目标前进，在艰难困苦中能够忍受得了，在挫折、压力、诱惑面前能够挺得住，干什么工作都要有一股百折不挠的韧劲，不达目的绝不罢休。

5. 奋勇争先的革命干劲

敢于挑重担、迎着困难上，处处不甘落后，事事力争上游，“见红旗就扛，见第一就争”，努力拼搏进取，争创一流成绩。

6. 革命的乐观主义

坚信正义战争必胜、革命事业必胜，以苦为荣，以苦为乐，无论在什么情况下，都不灰心、不气馁、不悲观、不动摇，始终保持高昂饱满的革命热情和朝气蓬勃的精神风貌。

革命英雄主义是人民解放军克敌制胜的强大精神武器。在波澜壮阔的中国革命战争中，红军把草鞋当作“量天尺”，纵横驰骋两万五千里；八路军、新四军打破“日军不可战胜”的神话，赢得近代以来中华民族反侵略战争的第一次彻底胜利；人民解放军横扫千军如卷席，把国民党军队赶到台湾等几个孤岛上去；志愿军抗美援朝、保家卫国，迫使号称“世界第一强国”的美帝国主义在停战协议上签字。这些以少胜多、以弱胜强的战争奇迹，无不闪烁着革命英雄主义的光华。有了革命英雄主义精神，我军就能打大仗、打硬仗、打恶仗、打胜仗，所向披靡，无敌于天下。源远流长的革命英雄主义传统，哺育了人民军队一代又一代官兵。从红军时期的大渡河十八勇士，到抗日战争时期的狼牙山五壮士；从解放战争时期的董存瑞，到抗美援朝时期的黄继光、邱少云，社会主义建设时期的杜凤瑞、安业民、王杰、欧阳海、梁英瑞等，英雄辈出，群星灿烂。仅在解放战争中，第四野战军的功臣就占总人数的 28.5%，大功以上的功臣占总人数的 14%。三年抗美援朝战争中，志愿军涌现出了 302 724 名功臣，集体立功的单位 5 953 个。他们是民族的精英、社会的脊梁、时代的楷模，不仅是人民军队的光荣，也是中华民族的光荣。

六、祖国利益高于一切的爱国主义

在五千年悠久的发展历史中，爱国主义始终是炎黄子孙维系国家统一、民族团结的纽带。这种对自己祖国最深厚的感情，深深融入民族意识、民族性格和民族文化之中，形成了优良的爱国主义传统。

习近平总书记指出："在中华民族几千年绵延发展的历史长河中，爱国主义始终是激昂的主旋律，始终是激励我国各族人民自强不息的强大力量。"

人民军队是中国历史上最忠实、最先进的爱国武装集团。热爱祖国、保卫祖国、建设祖国，是革命军人的神圣职责。在党的领导下，高度的爱国主义精神，一直是激励全军官兵为民族的独立、自由，国家的繁荣、昌盛，前赴后继、英勇战斗的强大精神力量。在新民主主义革命时期，为了拯救祖国脱离苦难深渊，人民军队的广大指战员满怀一腔爱国热情，不屈不挠地进行了长达 22 年的浴血奋战，结束了国民党反动统治和帝国主义在中国为所欲为的时代。社会主义建设时期，全军官兵以保卫祖国、建设祖国为己任，为"实现四化、振兴中华"谱写了一曲曲壮丽的颂歌。当祖国边疆受到侵犯时，边防部队奋起反击，誓死捍卫国家尊严和领土主权；当国家和人民的生命财产安全受到威胁时，广大官兵无私无畏，挺身而出，哪里有险情就战斗在哪里，哪里有呼唤就拼搏在哪里；当改革和建设事业需要时，自觉服从大局，积极参加和支援国家经济建设，改造山河，为民造福。人民军队这种高度的爱国主义精神，是同完成党和人民赋予的神圣使命紧紧联系在一起的，是同维护国家独立和全心全意为人民服务紧紧联系在一起的，因而具有高度的自觉性和强烈的革命性，成为推动人民军队建设和发展的宝贵精神财富。

复习思考题

1. 简述人民军队的光辉战斗历程。
2. 人民军队的性质是什么？
3. 人民军队的宗旨是什么？
4. 人民军队主要有哪些光荣传统？

第三章　军兵种

教学要求

了解军兵种和军兵种主要武器装备和类型，增强科技强军意识，激发学生的民族自豪感和爱国主义精神。

第一节　军兵种常识

军种是指军队的种类，是军队在其组成上，依据主要作战空间、使命和武器装备所划分的基本种类。军种的产生和划分取决于社会生产力的提高、经济实力的增强、武器装备的发展以及军事战略、地理环境、军队规模、历史传统等多种因素。随着军事技术兵器的不断发展，战争空间的增大，还将出现新的军种。现代各国军队多数建立陆军、海军、空军三个军种，每个军种一般都包括若干个兵种和专业兵。各军种一般都设有领导指挥机关及院校、科研机构和后勤保障系统，有特定的服装和标志，配备专用的武器装备，有自己的编制、训练、作战特点和战略战术等。

兵种是指军种内依据主要武器装备、作战任务和技术战术特性所划分的基本种类，如陆军中的步兵、炮兵、装甲兵、工程兵、防化兵等。随着科学技术在军事领域的广泛运用，还将出现新的兵种。如：俄罗斯已组建了军事航天兵，美国也成立了航天司令部和航天兵。各国兵种设置和区分并不一致。有些国家将高射炮兵、地空导弹兵列为防空军的兵种。空降兵，有的国家作为陆军的一个兵种，有的国家作为空军的一个兵种，有的国家则作为独立的兵种。工程兵、铁道兵、化学兵（防化兵）、通信兵、电子对抗部队、侦察部队和反侦察部队等，可直接参加作战，也执行保障其他兵种战斗行动和日常活动的任务，因此，有些国家将其作为兵种，有些国家则将其作为专业兵或技术勤务部队。有些国家将兵种按任务性质区分为战斗兵种、战斗支援兵种和战斗勤务支援兵种。有些国家将兵种区分为作战兵种和勤务保障兵种。各兵种一般设有领导指挥机关，编有部队、分队及院校和科研机构。

目前，世界各国都根据本国实际情况，有的是海、陆、空三个军种，有的只有陆军、海军或陆军、空军两个军种，少数国家只有陆军，也有个别国家不分军种。现代陆军的主要兵种有步兵（摩托化步兵、机械化步兵）、装甲兵（坦克兵）、炮兵、工程兵、通信兵、化学兵（防化兵）、导弹兵（火箭兵）、陆军防空兵、陆军航空兵等。现代海军的主要兵种有水面舰艇部队、潜艇部队、海军航空兵、海军岸防兵、海军陆战队等。现代空军的兵种主要有航空兵（包括歼击航空兵、轰炸航空兵、歼击轰炸航空兵、侦察航空兵、运输航空兵）、高射炮兵、地空导弹兵、雷达兵等。中国人民解放军的军种由陆军、海军、空军、火箭军、战略支援部队和联勤保障部队组成。

一、陆军

陆军是我军最早的部队，它诞生于 1927 年 8 月 1 日南昌起义，当时我军是以步兵为主、兼有少量炮兵、工兵的单一陆军军种。这支队伍历经土地革命战争、抗日战争、解放战争和社会主义建设等历史时期，走过了一条异常艰苦而曲折的道路，其名称有中国工农红军、八路军、新四军、抗日联军和中国人民解放军。现在，陆军已发展成为一支由步兵、炮兵、装甲兵、工程兵、通信兵、防化兵、陆军防空兵、陆军航空兵、电子对抗兵等兵种及侦察兵、观测兵、汽车兵等专业兵组成的，诸兵种齐全、能执行各种地面作战任务的现代化的强大军种。陆军的基本任务是歼灭、驱逐敌人有生力量；夺占、扼守重要地区和目标等；协同海军、空军、火箭军作战。陆军对维护国家主权、安全、发展利益具有不可替代的作用。

中国人民解放军陆军包括机动作战部队、边海防部队、警卫警备部队等，下辖东部战区陆军、南部战区陆军、西部战区陆军、北部战区陆军和中部战区陆军 5 个战区陆军、新疆军区、西藏军区等。东部战区陆军下辖第 71、72、73 集团军，南部战区陆军下辖第 74、75 集团军，西部战区陆军下辖第 76、77 集团军，北部战区陆军下辖第 78、79、80 集团军，中部战区陆军下辖第 81、82、83 集团军。

陆军的发展按照机动作战、立体攻防的战略要求，实现区域防卫型向全域机动型转变，加快小型化、多能化、模块化发展步伐，适应不同地区不同任务需要，组织作战力量分类建设，构建适应联合作战要求的作战力量体系，提高精确作战、立体作战、全域作战、多能作战、持续作战能力。

二、海军

中国人民解放军海军诞生于 1949 年 4 月 23 日。海军是以舰艇部队为主，在海洋上完成战略、战役任务的军种，其在国家安全和发展全局中具有十分重要的地位。中国人民解放军海军担负着保卫国家海上方向安全、领海主权和维护海洋权益的任务，主要在海洋遂行作战任务，可与其他军兵种联合作战，也可单独作战。海军的基本任务是：消灭敌战斗舰艇和运输舰船，破坏敌海上交通运输；袭击敌基地、港口和岸上重要目标；进行海上封锁和反封锁；协同陆军、空军、火箭军进行反袭击作战，保卫海军基地、港口和沿海重要目标；协同陆军、空军、火箭军进行登陆作战和抗登陆作战；协同陆军坚守岛屿、要塞；支援陆军濒海翼侧作战；保护国家海上交通运输、渔业生产、资源开发、科学实验和海洋调查的安全。

中国人民解放军海军包括潜艇部队、水面舰艇部队、航空兵、陆战队、岸防部队等，下辖东部战区海军（东海舰队）、南部战区海军（南海舰队）、北部战区海军（北海舰队）及海军陆战队等。战区海军下辖基地、潜艇支队、水面舰艇支队、航空兵旅等部队。

海军的发展按照近海防御、远海护卫的战略要求，逐步实现近海防御型向近海防御与远海护卫型结合转变，构建合成、多能、高效的海上作战力量体系，提高战略威慑与反击、海上机动作战、海上联合作战、综合防御作战和综合保障能力。

三、空军

空军是空中作战行动的主体力量，是以航空兵为主体，进行空对空、空对地和地对空战斗的军种。空军既可与其他军兵种联合作战，也可单独作战。其基本任务是：国土防空；实施相对独立的空中进攻战役和特种空袭作战；协同陆军、海军、火箭军作战；实施空降作战；实施空中威慑；实施空中运输；实施电子对抗；实施航空侦察、雷达侦察和无线电技术侦察等。

中国人民解放军空军正式成立于 1949 年 11 月 11 日。空军由航空兵、空降兵、地面防空兵、雷达兵、电子对抗部队、信息通信部队等兵种组成。中国人民解放军空军下辖东部战区空军、南部战区空军、西部战区空军、北部战区空军和中部战区空军 5 个战区空军、1 个空降兵军等。战区空军下辖基地、航空兵旅（师）、地空导弹兵旅（师）和雷达兵旅等部队。

空军的发展按照空天一体、攻防兼备的战略要求，实现国土防空型向攻防兼备型转变，构建适应信息化作战需要的空天防御力量体系，提高战略预警、空中打击、防空反导、信息对抗、空降作战、战略投送和综合保障能力。

四、火箭军

火箭军在维护国家主权、安全中具有至关重要的地位和作用。中国人民解放军火箭军成立于 2015 年 12 月 31 日，其前身是第二炮兵（简称二炮），是以地地战略导弹为主要装备、担负核反击战略作战任务的兵种。

火箭军遵守国家不首先使用核武器政策，贯彻自卫防御核战略，严格执行中央军委命令，以保证国家免受外来核攻击为基本使命。火箭军所属导弹核武器，平时不瞄准任何国家；在国家受到核威胁时，核导弹部队将提升戒备状态，做好核反击准备，慑止敌人对中国使用核武器；在国家遭受核袭击时，使用导弹核武器，独立或联合其他军种核力量，对敌实施坚决反击。火箭军常规导弹部队主要担负对敌战略战役重要目标实施中远程精确打击任务。

中国人民解放军火箭军包括核导弹部队、常规导弹部队、保障部队等，下辖导弹基地等。

火箭军的发展按照精干有效、核常兼备的战略要求，加快推进信息化转型，依靠科技进步推动武器装备自主创新，增强导弹武器的安全性、可靠性、有效性，完善核常兼备的力量体系，提高战略威慑与核反击和中远程精确打击能力。

五、战略支援部队

中国人民解放军战略支援部队成立于2015年12月31日，是维护国家安全的新型作战力量，是我军新质作战能力的重要增长点，主要是将战略性、基础性、支撑性都很强的各类保障力量进行功能整合后组建而成的。成立战略支援部队，有利于优化军事力量结构、提高综合保障能力。

新成立的战略支援部队主要包括战场环境保障、信息通信保障、信息安全防护、新技术试验等保障力量，它是打赢未来信息化战争重要的战略力量。按照体系融合、军民融合的战略要求，推进关键领域跨越发展，推进新型作战力量加速发展、一体发展，努力建设一支强大的现代化战略支援部队。

六、联勤保障部队

中国人民解放军联勤保障部队成立于2016年9月13日，是实施联勤保障和战略战役支援保障的主体力量，是中国特色现代军事力量体系的重要组成部分。

联勤保障部队包括仓储、卫勤、运输投送、输油管线、工程建设管理、储备资产管理、采购等力量，下辖无锡、桂林、西宁、沈阳、郑州5个联勤保障中心，以及解放军总医院、解放军疾病预防控制中心等。

联勤保障部队按照联合作战、联合训练、联合保障的要求，加快融入联合作战体系，提高一体化联合保障能力，努力建设一支强大的现代化联勤保障部队。

第二节　军衔、军服常识

一、中国人民解放军军衔

军衔是区分军人等级、表明军人身份的称号、标志，是国家给予军人的荣誉。通常由将官、校官、尉官、准尉、士官、士兵构成其等级体系，有的国家还设有元帅。以置于肩、领或袖、帽等处的专门徽章符号，标志军人的军衔等级和所属军种、兵种及专业勤务。

军衔的种类，按其性质可分为正式军衔、临时军衔和荣誉军衔；按兵役可分为现役军衔、预备役军衔和退役军衔。许多国家的法律规定，军衔是军人的终身荣誉，非经法律判决不得剥夺，具有一定功绩的军人退役后，在规定的场所有权佩戴有军衔符号的军服。实行军衔制度，有利于提高军人的责任心和荣誉感，加强军队的组织纪律性，方便军队的指挥和管理，促进军队正规化建设；对国际联盟作战和军队交往也具有重要意义。

（一）中国人民解放军军衔制度的发展演变

中国人民解放军的军衔制度是在新中国成立后实行的。在战争年代，由于受历史条件所限，我军未能正式实行军衔制度。在新中国成立前，中国人民解放军曾两次拟议实行军衔制度，一次是抗日战争初期的第二次国共合作时期，一次是抗日战争胜利后国共两党重庆谈判之后。两次拟订的军衔等级都与当时国民党军队的军衔制度大体相同，但由于受当时环境的制约，两次拟订的军衔制度都未能实行。中华人民共和国成立后，为加强军队的正规化、现代化建设，实行军衔制的问题很快被重新提上议事日程。1950 年 9 月总干部部管理部成立时，就设置了“军衔奖励处”，1952 年冬便着手研究军衔制的问题。1952 年 11 月 26 日，总干部部在向毛泽东主席并军委的报告中，对实行军衔制度准备工作等问题拟制了初步计划。

1955 年，中国人民解放军正式实行军衔制度。当时的军官军衔设四等十四级，即元帅：中华人民共和国大元帅、中华人民共和国元帅；将军：大将、上将、中将、少将；校官：大校、上校、中校、少校；尉官：大尉、上尉、中尉、少尉。后来又增加了准尉军衔。当时士兵军衔设二等五级，即军士：上士、中士、下士；兵：上等兵、列兵。毛泽东主席向朱德、彭德怀、林彪、刘伯承、贺龙、陈毅、罗荣桓、徐向前、聂荣臻、叶剑英 10 人授予中华人民共和国元帅军衔。国务院总理周恩来发布命令，授予粟裕、徐海东、黄克诚、陈赓、谭政、萧劲光、张云逸、罗瑞卿、王树声、许光达 10 人中国人民解放军大将军衔。授予 55 人上将军衔，授予 175 人中将军衔，授予 801 人少将军衔，校官 3.2 万余名、尉官 49.8 万余名、准尉 11.3 万余名。中国人民解放军自 1955 年 10 月 1 日起，开始佩戴军衔肩章（图 3–2–1）、军兵种和勤务符号。1965 年 5 月 22 日，第三届全国人大常委会第九次会议通过了《关于取消中国人民解放军军衔制的决定》，决定从 1965 年 6 月 1 日开始取消军衔制度。从 1965 年到 1988 年 7 月，中国人民解放军进入无军衔时期。1988 年 7 月 1 日，第七届全国人民代表大会常务委员会第二次会议通过了《中国人民解放军军官军衔条例》，决定中国人民解放军重新实行军衔制度。1988 年 9 月，中国人民解放军正式实行新的军衔制。

☆ 图 3–2–1　1955 年授衔军官肩章

（二）中国人民解放军现行军衔制度

1988 年中国人民解放军重新实行的军衔设 6 等 18 级：一级上将（设而未授）、上将、中将、少将；大校、上校、中校、少校；上尉、中尉、少尉；军士长、专业军士；上士、中士、下士；上等兵、列兵。1994 年 5 月，将官军衔中不再设一级上将。1998 年 12 月 29 日，第九届全国人大常委会第六次会议通过的新兵役法，规定士官实行分六期服役制度。2009 年，士官军衔由 6 个衔级调整为 7 个衔级，称谓由低至高为下士、中士、上士、四级军士长、三级军士长、二级军士长、一级军士长。

目前，军官的军衔由高到低为：上将、中将、少将；大校、上校、中校、少校；上尉、中尉、少尉。士官和士兵的军衔由高到低为：一级军士长、二级军士长、三级军士长、四级军士长、上士、中士、下士、上等兵、列兵。如图 3-2-2 所示。

1995 年 5 月 10 日，第八届全国人民代表大会常务委员会第十三次会议通过颁布《中华人民共和国预备役军官法》，规定预备役军官军衔为 3 等 8 级：预备役少将；预备役大校、上校、中校、少校；预备役上尉、中尉、少尉。

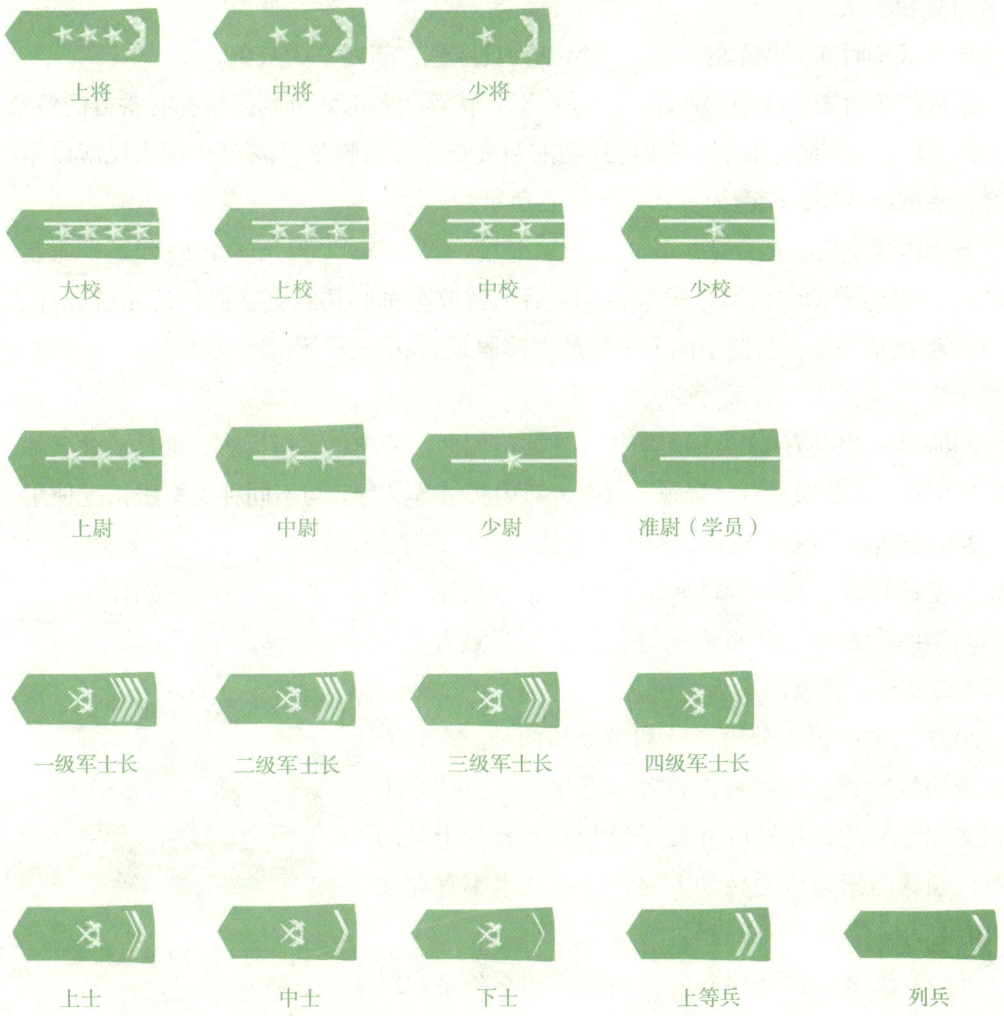

☆ 图 3-2-2　中国人民解放军现行军衔符号

二、中国人民解放军军服

军服是军人的外在标志，是一个国家军队的独特象征。

（一）中国人民解放军军服的发展演变

中国人民解放军军服，经历了中国工农红军时期的服装、抗日战争时期八路军和新四军的服装、解放战争时期中国人民解放军的服装，以及新中国成立后各个时期人民解放军的服装。

中国工农红军时期的服装是系红领巾、佩带红布袖章，这种军装象征一支红色部队。土地革命战争时期，具有代表性的服装是灰色粗布中山装，戴八角帽，缀布质红五星帽徽和红领章。

抗日战争时期，我军的军服，八路军为黄绿色，新四军为灰色。

解放战争时期，取消“八路”“新四军”臂章，各部队分别佩带标有番号的臂章或胸章，军服为黄绿色棉平布中山装，胸前佩戴长方形布胸章，印有“中国人民解放军”字样，头戴解放帽，帽徽为“八一”红五角星。

新中国成立后，人民解放军自从 1950 年统一军服制式，经历了 1955 年军衔服装、1962 年定型生产的“六二”式军装。此后，解放军军服几经更新换代，先后进行了 12 次军服改革调整，目前中国人民解放军军服是 2007 式军服。

（二）中国人民解放军 2007 式军服

2007 式军服共有 18 类标志服饰，主要有帽徽、领花、军衔标志、胸标、姓名牌、级别资历章、国防服役章、臂章，以及外、内腰带等品种，与不同种类军服搭配使用。

2007 式军服帽徽为桃形，图案为松枝叶、天安门、齿轮、麦穗环绕“八一”军徽。如图 3-2-3 所示。作训帽帽徽绣片颜色，陆军为灰绿色、海军为藏青色、空军为蓝灰色，帽徽图案为黄色。

☆ 图 3-2-3　07 军服帽徽

2007 式军服领花分松枝叶和橄榄枝两种。军官、士兵的松枝叶领花图案为松枝叶和五星，专业技术干部和文职干部的为松枝叶和原子符号。军官、士兵的橄榄枝领花图案为橄榄枝和五星，专业技术军官和文职干部的为橄榄枝和原子符号。

级别资历章由大小相同的级别略章和军龄略章组成。级别略章的底色，排、连级为草绿色，营级为蓝色，团级为紫色，师级为红色，军级为土黄色，大区级为橘黄色，军委副主席和军委委员为柠檬黄色。排级到大区级，正职略章缀 2 枚、副职缀 1 枚五星星徽；军委副主席和军委委员均缀 1 枚由五星和圆形橄榄枝构成的星徽。军级以上星徽为亮金色，军级以下为银白色。

第三节　轻武器、坦克、火炮

一、轻武器

轻武器通常是指枪械及其他各种由单兵或班组携行战斗的武器，又称为“轻兵器”。枪械是轻武器的主体，通常包括手枪、步枪、冲锋枪、机枪和特种枪等。

（一）手枪

手枪是指单手发射的短枪。它是近战和自卫用的小型武器，短小轻便，能突然开火，在 50 米内具有良好的杀伤效力。手枪按用途可分为自卫手枪、战斗手枪和特种手枪；按构造可分为转轮手枪（图 3–3–1）和自动手枪（图 3–3–2）。转轮手枪的转轮上通常有 5~6 个既作弹仓又作弹膛的弹巢。枪弹装于巢中，旋转转轮，枪弹可逐发对正枪管。常见的转轮手枪，装弹时转轮从左侧摆出，故又称左轮手枪。

☆ 图 3–3–1　转轮手枪

☆ 图 3–3–2　自动手枪

一般转轮手枪和自动手枪主要用于自卫，称为自卫手枪；少数大威力手枪和冲锋手枪，火力较强，有效射程较远，称为战斗手枪。冲锋手枪（图 3–3–3）可单发，也可连发，必要时能附加枪盒或枪托抵肩射击，战斗射速可高达 110 发 / 分以上。

☆ 图 3–3–3　冲锋手枪

目前比较先进的手枪，如以色列的沙漠之鹰、中国的 92 式手枪、美国的 M9 手枪、M500 转轮手枪等。

（二）自动步枪

☆ 图 3-3-4　自动步枪

步枪是指单兵肩射的长管枪械。步枪主要用于发射枪弹，杀伤暴露的有生目标，有效射程一般为 400 米；也可用刺刀、枪托格斗；有的还可发射枪榴弹，具有点面杀伤和反装甲能力。

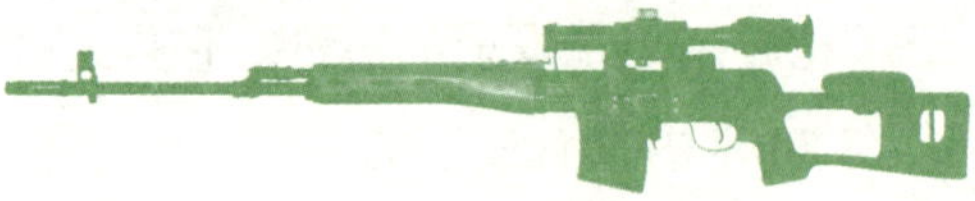

☆ 图 3-3-5　狙击步枪

步枪按自动化程度分为非自动、半自动和全自动三种，现代步枪多为自动步枪（图 3-3-4）。按用途分，除普通步枪外，还有骑枪（卡宾枪）、突击步枪和狙击步枪（图 3-3-5）。狙击步枪是一种特制的高精度步枪，一般仅能单发，多数配有光学瞄准镜，有的还带有两脚架，装备狙击手，用于杀伤 600~800 米以内重要的单个有生目标。

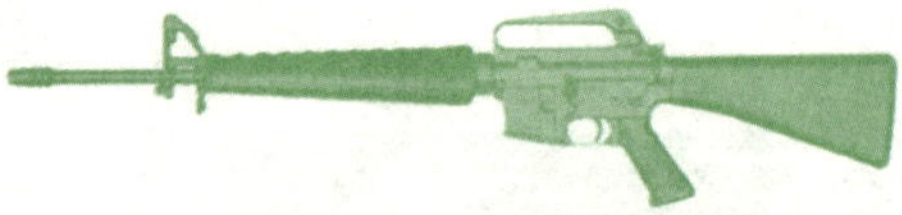

☆ 图 3-3-6　M16 自动步枪

1958 年美国开始试验 5.56 毫米自动步枪，首开了步枪小口径化的进程。这种枪 1963 年定名为 M16 自动步枪（图 3-3-6），口径小，初速高，在有效射程内的弹头的杀伤威力有明显的提高；并且减小了后坐冲量，提高了连发精度；由于弹枪系统重量较轻，可以增加携弹量，提高士兵的持续作战能力。

目前，世界上比较先进的自动步枪有美国的 5.56 毫米口径 M16 自动步枪，中国的 95 式 5.8 毫米自动步枪，俄罗斯的 AK-103 突击步枪，德国的 G36 突击步枪等。

（三）冲锋枪

冲锋枪通常是指双手握持发射枪弹的单兵连发枪械，是一种介于手枪和机枪之间的武器。冲锋枪比步枪短小轻便，便于突然开火、射速高、火力猛，适用于近战和冲锋，在 200 米内有良好的杀伤效力。

冲锋枪的结构较为简单，枪管也较短，采用容弹量较大的弹匣供弹，弹匣通常装在武器下方，有的装在侧方或上方。冲锋枪的战斗射速，单发时约 40 发 / 分，长点射时 100~120 发 / 分。简单的冲锋枪没有快慢机，只能连发射击。冲锋枪多具有小握把，枪托一般可伸缩或折叠。如图 3-3-7 所示。

☆ 图 3-3-7　冲锋枪

目前，世界上比较先进的冲锋枪有德国的MP7冲锋枪、以色列的Uzi（乌兹或乌齐）冲锋枪、比利时的P90冲锋枪、美国的MAC10冲锋枪、俄罗斯的SR2“希瑟”冲锋枪、奥地利的斯太尔MP9冲锋枪等。

（四）机枪

机枪，又称机关枪，是带有两脚架、枪架或枪座，能实施连发射击的自动枪械。机枪能快速连续射击，以扫射为主要攻击方式，通过密集的弹雨来杀伤敌方有生目标，也可以射击地面、水面或空中的薄壁装甲目标，或压制敌火力点。通常分为轻机枪、重机枪、通用机枪和高射机枪等。

☆ 图 3-3-8 轻机枪

轻机枪（图3-3-8）装有两脚架，重量较轻，携行方便，战斗射速为80~150发/分，有效射程为500~800米。

☆ 图 3-3-9 重机枪

重机枪（图3-3-9）装有稳固的枪架，射击精度较好，能长时间连续射击，战斗射速为200~300发/分，有效射程平射时800~1 000米、高射时500米左右。

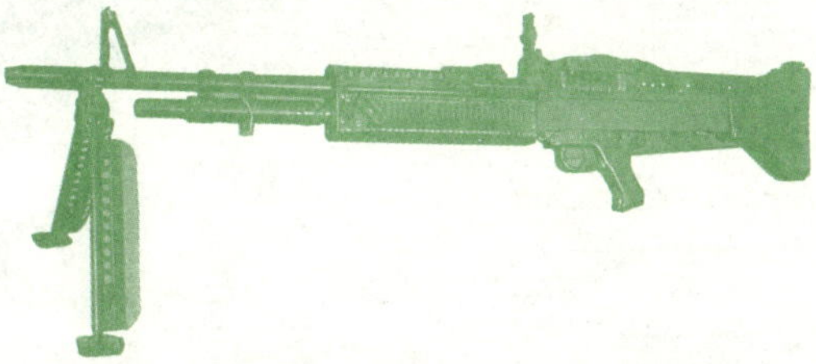

☆ 图 3-3-10 通用机枪

通用机枪（图3-3-10），又称轻重两用机枪，是一种可由单人携带、弹链供弹、可快速更换枪管，附有两脚架，亦可装在三脚架上或车辆上的中型机枪。它既具有重机枪射程远、威力大，连续射击时间长的优势，又兼备轻机枪携带方便、使用灵活，紧随步兵实施行进间火力支援的优点。

☆ 图 3-3-11 高射机枪

高射机枪（图3-3-11）是主要用于对空中目标射击的大口径机枪，由枪身、枪架、瞄准装置组成。主要用于歼灭斜距离在2 000米以内的敌低空目标；还可以用于摧毁或压制地（水）

面的敌火力点、轻型装甲目标、舰船、封锁交通要道等。

世界上比较知名的机枪有马克沁重机枪、美国的加特林 M134 速射机枪和 M60 通用机枪、德国的 MG42 通用机枪、奥地利的 AUG 5.56 毫米轻机枪、比利时的“米尼米”5.56 毫米轻机枪、俄罗斯的 RPK-74 式 5.45 毫米轻机枪、中国的 QJY88 式 5.8 毫米通用机枪等。

（五）特种枪

特种枪是非常规用途枪械，用于暗杀、防卫、信号指示等，如霰弹枪、防暴枪、微声手枪（图 3-3-12）、匕首枪（图 3-3-13）、信号枪（图 3-3-14）等。

☆ 图 3-3-12　微声手枪

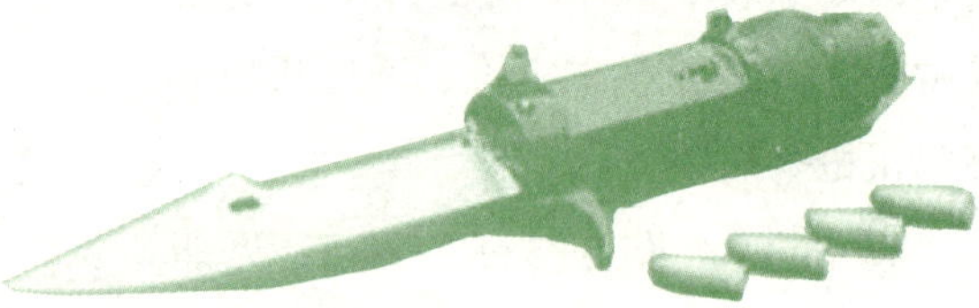

☆ 图 3-3-13　匕首枪

☆ 图 3-3-14　信号枪

二、坦克

☆ 图 3-3-15　坦克

坦克（图 3-3-15）是具有直射火力、越野能力和装甲防护力的履带式装甲战斗车辆，是现代陆战的主要武器，主要执行与对方坦克或其他装甲车辆作战的任务，也可以压制、消灭反坦克武器、摧毁工事、歼灭敌方陆上力量。1915 年，英国利用汽车、拖拉机、枪炮制造和冶金技术，试制了坦克的样车。1916 年生产了Ⅰ型坦克，车体呈菱形，两条履带从顶上绕过车体，车后伸出一对转向轮，分“雌性”和“雄性”两种。“雄性”装有 2 门口径为 57 毫米的火炮和 4 挺机枪，“雌性”仅装 5 挺机枪。

20 世纪 70 年代至 20 世纪 80 年代初，相继出现的主战坦克有：苏联的 T-72、原联邦德国的豹Ⅱ、美国的 M1、英国的“挑战者”、日本的“74 式”和以色列的“梅卡瓦”等。这些坦克仍优先增强火力，同时较均衡地提高机动和防护性能。

我国于 20 世纪 50 年代后期开始生产 59 式中型坦克，60 年代初，设计制造了 62 式轻型坦克和 63 式水陆两用坦克。59 式坦克战斗全重 36 吨，装有高低向稳定的 100 毫米坦克炮和功率为 390 千瓦的柴油机，最大时速 50 千米，最大行程 440 千米。后期生产的 59 式坦克改进型 69 式、79 式和 96 式、99 式坦克，战斗性能特别是火力有了较大提高。

目前，世界上比较先进的坦克有美国的 M1A2 艾布拉姆斯主战坦克、中国的 99A 主战坦克、德国豹Ⅱ A6 主战坦克、日本的 10 式坦克、法国的勒克莱尔主战坦克等。

三、火炮

中国的火药和火器西传以后，火炮在欧洲开始发展。14 世纪上半叶，欧洲开始制造出发射石弹的火炮。17 世纪，意大利物理学家伽利略的弹道抛物线理论和英国物理学家牛顿对空气阻力的研究，推动了火炮的发展。17 世纪末，欧洲大多数国家使用了榴弹炮。

19 世纪初，为了增大火炮的射程，欧洲许多国家进行了线膛炮的试验。1846 年，意大利 G. 卡瓦利少校制成了螺旋线膛炮，发射锥头柱体长形爆炸弹。螺旋膛线使弹丸旋转，飞行稳定，提高了火炮威力和射击精度，增大了火炮射程。线膛炮的采用是火炮结构上的一次重大变革，至今线膛炮身还被广泛使用。

20 世纪 30 年代，火炮性能进一步改善。通过改进弹药、增大射角、加长身管等途径增大了射程。轻榴弹炮射程增大到 12 千米左右，重榴弹炮增大到 15 千米左右，150 毫米加农炮增大到 20~26 千米。第二次世界大战中，由于飞机提高了飞行高度，出现了大口径高射炮、近炸引信和包括炮瞄雷达在内的火控系统。由于坦克和其他装甲目标成了军队的主要威胁，出现了无后坐力炮和威力更大的反坦克炮。

由于科学技术的发展和生产工艺的改进，火炮在射程、射速、威力和机动性等方面都有明显提高。在提高火炮的机动性方面，牵引火炮（图 3-3-16）逐渐被自行火炮代替，许多国家采取新结构、新原理、新材料等以减轻火炮重量，并重视发展新型自行火炮（图 3-3-17）。为了提高炮兵火力的适应性，火炮除配有普通榴弹、破甲弹、穿甲弹、照明弹和烟幕弹外，还配有各种远程榴弹、反坦克布雷弹、反坦克子母弹、末段制导炮弹以及化学炮弹、核弹等，使火炮能压制和摧毁从几百米到几万米距离内的多种目标。

☆ 图 3-3-16　牵引火炮

☆ 图 3-3-17　自行火炮

目前，世界上比较先进的自行火炮有俄罗斯的“联盟 -SV”、美国的 M109A7、中国的 PLZ-05 榴弹炮等，它们均采用履带式自行火炮底盘、装备有先进的数字化综合火控系统、观瞄系统。火炮战场生存能力强，能适应各种恶劣环境条件下的作战。

第四节　军舰、航空母舰

一、军舰

军舰是军用舰艇的简称，可分为战斗舰艇和辅助舰船两大类。战斗舰艇是指装备有专用作战武器、担负直接作战任务的舰船，可进一步分为水面战斗舰艇和潜艇。

水面战斗舰艇是执行水面作战任务的舰船，按照作战基本任务的不同分为航空母舰、巡洋舰、驱逐舰、护卫舰、鱼雷艇、导弹艇、巡逻艇等等，按照排水量大小分为大型水面战斗舰艇、中型水面战斗舰艇和小型水面战斗舰艇。

潜艇是水下战斗舰艇，按动力不同分为常规动力潜艇和核动力潜艇。常规动力潜艇通常以蓄电池和柴油机为动力，故又称为蓄电池潜艇；核动力潜艇以核反应堆为动力，又称为核潜艇。

（一）驱逐舰

驱逐舰（图 3-4-1）是指以导弹、水中武器、舰炮为主要武器，具有多种作战能力的中型军舰，是海军舰队编成中突击力较强的舰种之一。驱逐舰主要用于攻击潜艇和水面舰船，舰队防空，以及护航、侦察、巡逻、警戒，布雷、袭击岸上目标等。

☆ 图 3-4-1 驱逐舰

1892 年，英国造船技师 A. 亚罗向海军部建议建造一种战斗力强、速度快、能对付鱼雷艇的军舰。1893 年，英国建造了“哈沃克”号鱼雷驱逐舰和“霍内特”号鱼雷艇驱逐舰，长 54.8 米，宽 5.48 米，排水量 240 吨，航速 27 节，这是世界上最早的驱逐舰。1900 年，美国建造了“班布里奇”级驱逐舰，排水量 420 吨，航速 29 节，装备两门舰炮和两个鱼雷发射管。第一次世界大战前，英、德、俄、法、美等国共建造了近 600 艘驱逐舰（其中英国为 200 多艘），这些驱逐舰的满载排水量 1 000~1 300 吨，航速 30~37 节，多采用燃油的蒸汽轮机动力装置，装备 88~102 毫米舰炮数门和 450~533 毫米鱼雷发射装置 2~3 座。

导弹驱逐舰出现于 20 世纪 50 年代。美国于 1953 年建造了“米切尔”级导弹驱逐舰，满载排水量 5 200 吨，装备“鞑靼人”舰空导弹；20 世纪 70 年代，美国又建造了“斯普鲁恩斯”级导弹驱逐舰，满载排水量 7 810 吨，装备“鱼叉”舰舰导弹和“海麻雀”舰空导弹。苏联于 1957 年建造了“基尔丁”级导弹驱逐舰，满载排水量 3 500 吨，装备“SS-N-1”舰舰导弹；20 世纪 80 年代初，苏联又建造了“卡辛”级导弹驱逐舰，满载排水量 4 600 吨，装备“SS-N-2C”舰舰导弹和“SA-N-1”舰空导弹。

20 世纪 60 年代，美、苏、英、法、加、日等国将反潜直升机装上了驱逐舰，美国将自动化指挥控制系统也装上了驱逐舰。随后，许多国家建造的驱逐舰也装备了以导弹为主的武器系统。20 世纪 70 年代以来，驱逐舰多采用燃气轮机动力装置，续航力相应增大。

目前，世界上比较先进的驱逐舰有美国的 Zumwalt（朱姆沃尔特）级驱逐舰，排水量 1.5 万吨，舰长 182.8 米，舰宽 24.1 米；美国的阿里伯克ⅡA 型驱逐舰，排水量 9 500 吨，舰长 155.2 米，舰宽 20.4 米；韩国的世宗大王级驱逐舰，排水量 8 500 吨，舰长 165.9 米，舰宽 21.4 米；日本的爱宕级驱逐舰，排水量 7 700 吨，舰长 165 米，舰宽 21 米；中国的 052D 型驱逐舰，排水量 7 000 吨，舰长 157 米，舰宽 19 米。

2019 年 4 月 23 日，在庆祝人民海军成立 70 周年海上阅兵活动中，中国 055 型万吨级新型驱逐舰接受检阅。

（二）护卫舰

护卫舰（图 3-4-2）是指以水中武器、舰炮、导弹为主要武器的轻型军舰，主要用于反潜护航，以及侦察、警戒、巡逻、布雷、支援登陆和保障陆军濒海翼侧等。

☆ 图 3-4-2 护卫舰

第一次世界大战期间，德国实行无限制潜艇战，破坏海上交通线和封锁基地、港口，对协约国造成很大威胁。英、法、俄、美等国为适应反潜护航的需要，先后建造了护卫舰，最初称为护航舰。第二次世界大战期间，护卫舰在海战中得到广泛使用，交战双方在保卫海上交通线，机动编队海战和登陆作战中，都有大量护卫舰参战。

初期的护卫舰满载排水量 240~400 吨。第二次世界大战期间的护卫舰，满载排水量 800~1300 吨，航速 12~20 节，装备 76~127 毫米舰炮 2~3 门，20~40 毫米高射机关炮 8~10 门，并装备有深水炸弹、鱼雷、声呐和雷达等。

20 世纪 70 年代以来，护卫舰装备了导弹。导弹护卫舰满载排水量增大到 2 000~4 000 吨（有的已达 5 000 吨以上），航速 30~35 节，续航力 5 000~6 000 海里（9 260~11 112 千米），装备 76~130 毫米高平两用舰炮 1~4 门，20~40 毫米自动高射炮 10 门左右，并装备有舰潜、舰舰、舰空导弹，鱼雷、深水炸弹、干扰火箭、性能良好的声呐和多种雷达等，多数配有反潜直升机 1~2 架。现代护卫舰的反潜、反舰和防空能力有了显著增强，指挥操纵和武器控制系统日益自动化，能兼负驱逐舰的战斗任务，成为有发展前途的舰种之一。

目前，世界上比较先进的护卫舰有德国的萨克森护卫舰、法意联合研制的地平线级护卫舰、荷兰的德泽分省护卫舰、中国的 054A 护卫舰等。

（三）潜艇

潜艇（图 3-4-3）是能够在水下运行的舰艇，其种类繁多，按体积可分为大型、中型和小型，按动力可分为常规动力潜艇和核潜艇等。

☆ 图 3-4-3　潜艇

自第一次世界大战以来，潜艇得到广泛运用，担任许多大国海军的重要位置，其功能包括攻击敌人军舰或潜艇、近岸保护、突破封锁、侦察和掩护特种部队行动等。潜艇最早可追溯到 15~16 世纪的列昂纳多·达芬奇。据说他曾构思“可以水下航行的船”，但这种能力向来被视为“邪恶的”，所以他没有画出设计图。直至一战前夕，潜艇仍被当成“非绅士风度”的武器，其被俘艇员可能被以海盗论处。16 世纪，真实意义的潜艇出现。1578 年，英国数学家威廉·伯恩著书《发明与设计》描述潜艇。1620 年，首艘有文字记载的“可以潜水的船只”由荷兰裔英国人克尼利厄斯·雅布斯纵·戴博尔建成，推进力由人力操作的橹产生。第一艘用于军事的潜艇出现于美国独立战争。1776 年，美国耶鲁大学的大卫·布什奈尔建成“海龟”号，其内部仅容纳一人操作方向舵和螺旋桨。通过脚踏阀门向水舱注水，可使艇潜至水下 6 米，能在水下停留约 30 分钟。艇上装有两个手摇曲柄螺旋桨，使艇获得 3 节左右的速度和操纵艇的升降。艇内有手操压力水泵，排出水舱内的水，使艇上浮。艇外携一个能用定时引信引爆的炸药包，可在艇内操纵系放于敌舰的底部。1776 年，“海龟”号企图攻击英国皇家海军老鹰号，虽未获成功，但开创了潜艇首次袭击军舰的尝试。早期的潜艇都是使用人力推进的，航速很慢。蒸汽机在潜艇上的应用，推动了潜艇动力装置的发展，再加上潜艇设计者的不断努力，终于出现了以机械为动力的现代潜艇。1863年，法国建造了“潜水员”号潜艇，使用功率 58.8 千瓦的压缩空气发动机作动力，速度为 2.4 节，能在水下潜航 3 小时，下潜深度为 12 米。1886 年，英国建造了“鹦鹉螺”号潜艇，使用蓄电池动力推进，航速 6 节，续航力约 80 海里（148 千米）。1897 年，美国建造了“霍兰”Ⅵ号潜艇，水面使用 33 千瓦的汽油机动力装置，航速 7 节，续航力达到 1 000 海里（1 852 千米）；水下使用电动机为动力，航速 5 节，续航力 50 海里（93 千米），这是潜艇双推进系统的开端。

19世纪80年代，潜艇日益发展，各国逐渐认识到其重要性，美国、英国、法国、瑞典、意大利、德国和俄国等都热衷于研发。1900年4月，美国政府购买约翰·飞利浦·霍兰研制的潜艇霍兰九号，并编入美国海军，从此，潜艇正式成为一种海军舰艇。20世纪初，潜艇装备逐步完善，性能逐渐提高，出现具备一定实战能力的潜艇。这些潜艇采用双层壳体，具有良好的适航性，排水量为数百吨，使用柴油机—电动机双推进系统，水面航速约10~15节，水下航速6~8节，续航力有明显提高；武器主要有火炮、水雷和鱼雷。第一次世界大战前，潜艇已成为海军的重要作战兵力之一，第一次世界大战一开始，潜艇就被用于战斗。1914年9月22日，德国U-9号潜艇在一个多小时内，接连击沉3艘英国巡洋舰，充分显示了潜艇的作战威力。第二次世界大战后，世界各国海军都十分重视新型潜艇的研制，核动力和战略导弹的运用，使潜艇发展进入一个新阶段。1955年，美国建成的世界上第一艘核动力潜艇“鹦鹉螺”号正式服役，水下航速增大1倍多，而且能长时间在水下航行。1958年，“鹦鹉螺”号首次成功地在冰层下穿越北极。1959年前后，苏联建成核动力潜艇。

目前，世界上比较先进的潜艇有日本的苍龙级常规动力潜艇、法国和西班牙联合研制的鲉鱼级常规动力潜艇、德国的212型常规动力潜艇、美国的海狼型攻击性核潜艇和俄亥俄级战略核潜艇、俄罗斯的基洛级潜艇等。

二、航空母舰

☆ 图3-4-4 航空母舰

航空母舰（图3-4-4）是指以舰载机为主要武器并作为舰载机编队海上活动基地的大型军舰，是海军水面战斗舰艇的最大舰种。按排水量区分，有大型航空母舰、中型航空母舰和小型航空母舰；按战斗使命区分，有攻击航空母舰、反潜航空母舰、护航航空母舰和多用途航空母舰；按动力区分，有核动力航空母舰和常规动力航空母舰。航空母舰主要用于攻击水面舰艇、潜艇和运输舰船，袭击海岸设施和陆上目标，夺取作战海区的制空权和制海权。

1910年11月至1911年1月，美国海军先后在两艘临时铺设有木质跑道（平台）的巡洋舰上进行飞机起飞、降落试验，获得成功。1917年，英国海军将“暴怒”号巡洋舰改装成航空母舰。1922年，日本海军将新建的“凤翔”号航空母舰编入现役。截至20世纪30年代，英、美、日、法等国建成了第一批航空母舰，其中大部分是由战列舰、巡洋舰和商船改装的，满载排水量 1.2 万 ~4 万吨，航速 15~34 节，可载飞机 30~90 架。这些国家在取得第一批航空母舰建造和使用经验的基础上，进入了专门设计和建造航空母舰的阶段。到第二次世界大战前，美、英各有航空母舰 7 艘，日本 10 艘，法国 2 艘。但当时各国海军仍墨守过去形成的概念，把巨舰大炮视为海战制胜的手段，而把航空母舰视为辅助兵力。

第二次世界大战期间，英、美、日等国建造了大量的航空母舰，并在海战中广泛使用航空母舰编队。例如，太平洋战区的袭击珍珠港、珊瑚海海战、中途岛海战、菲律宾海战以及大西洋战区的多次海战，都是以航空母舰编队或航空母舰编队群为舰队主力进行的。航空母舰在海战中显示出来的巨大作用，引起了许多参战国海军对“巨舰大炮制胜”传统观念的改变，竞相发展航空母舰，大批新型航空母舰相继建成服役。当时，美国的攻击航空母舰主要是“埃塞克斯”级中型航空母舰，满载排水量 3.08 万吨，最大航速 33 节，续航力 1.69 万海里（3.13 万千米），可载飞机 80 架。美国建造的 30 多艘护航航空母舰，标准排水量 0.7 万 ~1.1 万吨，最大航速 16~19 节，载飞机 20~34 架。英国的“巨人”级护航航空母舰，满载排水量 1.85 万吨，最大航速 23.5 节，载飞机 35~50 架。

第二次世界大战后，航空母舰进入了现代化阶段，原有的航空母舰多数退役，少数加以现代化改装，如装载了喷气式飞机和核武器，采用了斜角飞行甲板、蒸汽弹射器、新型助降装置和阻拦装置等。

20 世纪 50 年代中期至 20 世纪 60 年代，建成了一批大型多用途航空母舰，较有代表性的是美国的“福莱斯特”级航空母舰和“小鹰”级航空母舰，满载排水量 8 万吨左右，最大航速 35 节，续航力 8 000 海里（14 816 千米），载飞机 80~105 架，能担负攻击、反潜、护航等多种战斗任务。20 世纪 60 年代以来，出现了核动力航空母舰，吨位进一步增大，机动性能和现代化程度大大提高。美国建造的核动力航空母舰“企业”号和“尼米兹”级，满载排水量 9 万吨左右，最大航速 35 节，续航力 40 万 ~70 万海里（74 万 ~130 万千米），载飞机 90 余架。自 20 世纪 50 年代中期起，航空母舰装备了导弹，指挥、操纵和武器控制系统的自动化程度不断提高。20 世纪 60 年代中期，又出现了直升机航空母舰，满载排水量 1 万 ~2 万吨，主要用于反潜和垂直登陆，到了 20 世纪 70 年代中期，这种航空母舰装载了新出现的垂直 / 短距起落飞机。苏联的“基辅”级航空母舰（自称为反潜巡洋舰），具有较强的反潜作战能力，满载排水量 3 万余吨，航速 32 节，载直升机 30 架和“雅克 –36”垂直 / 短距起落飞机 16 架，装备有舰舰、舰潜、舰空导弹和其他反潜武器。

英国于 1978 年建造的“无敌”级航空母舰（英国自称为通长甲板巡洋舰），标准排水量 1.95 万吨，最大航速 28 节，载直升机 10 架和垂直 / 短距起落飞机 5 架。目前，世界各国共有航空母舰20余艘。

美国和俄罗斯都有进一步发展核动力航空母舰的计划。美国还在继续建造“尼米兹”级核动力航空母舰。装载直升机和垂直/短距起落飞机，装备导弹武器，具有多种作战能力的航空母舰将继续发展。大型和中型航空母舰将趋向于核动力化，小型航空母舰除采用燃气轮机动力装置外，有的也将采用核动力装置。

我国首艘航母“辽宁”号于2012年9月25日交接入列，对于提高我国海军作战力量、增强防卫作战能力，应对非传统安全威胁，维护海洋和平与稳定具有重要的意义。航空母舰是一个国家工业水平和科技水平的集中体现，我国航母交付入列能积累我们航母发展的经验，推动国防科学工业的进步。2017年4月26日，中国首艘国产航母在大连正式下水。中国拥有自己的航空母舰，必将极大地振奋民族精神，激发各族人民的爱国热情。

第五节 飞机、导弹、卫星

一、飞机

军用飞机又称为作战飞机或战斗机，是用于在空中消灭敌人飞机和其他飞航式空袭兵器的一类飞机，是空军航空兵的主要技术装备。按作战用途不同，军用飞机可分为歼击机、强击机、轰炸机、侦察机、反潜机、预警机、电子干扰机等。

（一）歼击机

歼击机（图3-5-1）的首要任务是与敌方歼击机进行空战，夺取空中优势（制空权），其次是拦截敌方轰炸机、强击机和巡航导弹。另外，歼击机还可携带一定数量的对地攻击武器，执行对地的攻击任务。

☆ 图3-5-1　歼击机

第一次世界大战初期，法国首先在飞机上安装机枪用于空战，随后出现了专门的歼击机。第一次世界大战期间的歼击机，多是双翼木质结构，以活塞式发动机为动力，装有向前射击并与螺旋桨的转动相协调的机枪（以免击中桨叶）。

第二次世界大战前，歼击机发展成为单翼全金属结构，飞行中，起落架可以收起以减小阻力，机上最多可装有机枪 8 挺或航炮 4 门，机内装有无线电通信设备，供空空或空地之间进行通信联络和作战指挥之用。第二次世界大战中、后期，有的歼击机的速度达 750 千米 / 小时，升限达 12 000 米左右，接近活塞式飞机的性能极限。当时较著名的歼击机有美国的 P-51、英国的“喷火”式、苏联的拉 -7、德国的 Me-109 和日本的“零”式等。

第二次世界大战将结束时，德国开始使用 Me-262 喷气式歼击机，速度大大超过活塞式歼击机。20 世纪 50 年代初，喷气式歼击机已基本上取代了活塞式歼击机，在朝鲜战场首次被大量使用。到 20 世纪 60 年代，多数喷气式歼击机的最大速度为 M2.0 左右，实用升限接近 20 000 米，开始装备空空导弹，机载设备日趋完善。较著名的歼击机有美国的 F-104、F-4，苏联的米格 -21、米格 -23 和法国的“幻影”Ⅲ等，这些飞机至 20 世纪 80 年代初在许多国家仍作为第一线主力作战飞机使用。20 世纪 70 年代以来，根据多次局部战争的经验，研制出机动性好、格斗能力强的新一代歼击机，如美国的 F-15B、F-16 和法国的“幻影”2000 等。

中国从 20 世纪 50 年代中期开始，先后成批生产歼击 5 型、6 型和 7 型歼击机，20 世纪 60 年代，又研制出新型高空高速歼击机。进入 21 世纪，中国研制的歼 -10、歼 -20 等战机，性能先进，进入世界先进战机行列。

20 世纪 80 年代初期的新型歼击机，在飞行性能、火力、设备、维修性等方面都有很大提高和改进。飞行性能的提高，突出的是瞬时转弯角速度增大，有的歼击机已达30度/秒，机头能在短时间内偏转较大的角度，对空战格斗、发射格斗导弹非常有利。超音速歼击机的最小速度已下降到 180 千米 / 小时，最大与最小速度的比值超过 16。现代歼击机大多装有中、远距拦射导弹、近距格斗导弹和航炮，具有全天候、全高度、全方向攻击目标的能力。有的飞机的机载火力控制系统可保障使用空空导弹同时攻击 4~6 个目标。格斗中，飞行员双手不离开油门和驾驶杆，即可使用雷达和全部机载武器，便于集中精力注视目标，提高作战效能。有些歼击机除上述武器外，还可挂数吨炸弹，对地攻击能力远远超过 20 世纪 50 年代的轻型轰炸机。新型歼击机的机载设备，可靠性好，自动化程度高，飞行员无须顾虑飞机超出安全飞行范围，也不需要进行任何计算和环视仪表，即可一目了然地从平视或电视显示器上掌握全部所需信息。

（二）强击机

强击机（图 3-5-2）是指主要用于从低空、超低空突击敌战术和浅近战役纵深内的小型目标，直接支援地面部队（水面舰艇部队）作战的飞机，亦称攻击机，旧称冲击机。强击机具有良好的低空操纵性和安定性。为提高生存力，一般在其要害部位有装甲防护。

第一次世界大战期间，德国研制并使用了强击机。第二次世界大战前夕，苏联研制出伊尔-2强击机，在大战期间曾广泛使用，发挥了较突出的作用。伊尔-2强击机的前机身用特种钢板焊接而成，座舱、发动机、油箱等都包在钢板内，枪弹和口径较小的炮弹不易将其击穿，其机上装有航炮、机枪、火箭，能携带600千克炸弹。1944年末，苏联又生产出伊尔-2的改型机伊尔-10。第二次世界大战后期，德国在容克-87飞机上加设装甲，并装有37毫米口径加农炮，成为容克-87G强击机，专门用于低空反坦克作战，也起过重要作用。20世纪50年代中期，苏联取消了强击机，代之以歼击轰炸机。美军在20世纪60年代末装备A-7强击机，曾在越南战争中使用；20世纪70年代末又装备了A-10。20世纪80年代初，苏联开始装备苏-25飞机，主要用于反坦克。

☆ 图 3-5-2　强击机

中国空军于1950年开始装备强击机，从20世纪60年代起，逐步换装自行研制的强-5型飞机。强-5是一种双发动机、单座、中单翼喷气式飞机，最大飞行速度超过音速；装有2门航炮，可挂载多种对地攻击武器。

现代强击机的特点是：生存能力较强，如A-10的装甲重量占飞机总重量的10%以上，能承受1~2发23毫米高射炮弹的攻击；低空作战半径约500千米，还可在目标上空活动1~2小时；正常挂弹量达3吨。强击机用来突击地面目标的武器有航炮、普通炸弹、制导航空炸弹、反坦克集束炸弹和空地导弹。多数强击机可挂战术核弹；有的强击机还装有红外观察仪或微光电视等光电搜索瞄准设备和激光测距机，具有垂直/短距起落性能。

（三）轰炸机

轰炸机（图3-5-3）是指专门用于对地面、水面目标实施轰炸的飞机。它具有突击力强、航程远等特点，是航空兵实施空中突击的主要机种。其分类方法是：按载弹量分为重型轰炸机（10吨以上）、中型轰炸机（5~10吨）和轻型轰炸机（3~5吨）；按航程分为远程轰炸机（8 000千米以上）、中程轰炸机（3 000~8 000千米）和近程轰炸机（3 000千米以下）；按遂行任务的范围分为战略轰炸机和战术轰炸机。从20世纪

☆ 图 3-5-3　轰炸机

50 年代中期起，各国已不再研制战术轰炸机，以歼击轰炸机取代。

1915 年，俄国军队首先装备了轰炸机。随后，法、英、德等国军队也相继装备了轰炸机。第一次世界大战期间，轰炸机多装有 2~4 台活塞式发动机，载弹量达 2 000 千克，航程达 500~1 000 千米，速度达 180 千米 / 小时。

第二次世界大战期间，英、美、苏、德等国研制出一些新型轰炸机，较著名的有美国的 B−29，英国的“兰加斯特”等。大战末期，轰炸机的载弹量达 9 000 千克，航程达 7 500 千米，速度达 600 千米 / 小时。有的轰炸机装有雷达轰炸瞄准具。战争结束前，德国研制出 Ar234B−2 喷气式轰炸机。战后，美、苏、英等国也相继研制出喷气式轰炸机，亚音速的有美国的 B−52、苏联的米亚 −4、英国的“火神”等；超音速的有美国的 B−58、苏联的图 −12、法国的“幻影”Ⅳ等。20 世纪 60 年代末，可变后掠翼超音速轰炸机问世，其中有美国的 FB−111、B−1 和苏联的图 −22M(“逆火”，亦称图 −26）等。新型轰炸机主要用于战略轰炸，其特点是：具有低空高速突防能力；装有先进的火力控制系统，可保障全天候精确地实施轰炸；能携带巡航导弹或其他空地、空舰导弹，可在敌防空火力圈外实施突击。

中国的航空兵部队于 20 世纪 60 年代初开始装备国产喷气式轰炸机。

目前，世界上比较先进的轰炸机有美国的 B−1B“枪骑兵”超音速远程多用途战略轰炸机、B−52 亚音速远程战略轰炸机，俄罗斯的图 −160 变后掠翼超音速战略轰炸机、图 −22M 超音速轰炸机，中国的轰 −6K 轰炸机等。

（四）预警机

预警机（图 3−5−4），即空中指挥预警飞机，它是拥有整套远程警戒雷达系统，用于搜索、监视空中或海上目标，指挥并可引导己方飞机执行作战任务的飞机。

☆ 图 3−5−4　预警机

第二次世界大战后，美国海军根据太平洋海空战的经验教训，为了及时发现利用舰载雷达盲区接近舰队的敌机，试验将警戒雷达装在飞机上，利用飞机的飞行高度，缩小雷达盲区，扩大探测距离，于是便把当时最先进的雷达搬上了小型的 TBM−3W 飞机，改装成世界上第一架空中预警机试验机 AD−3W “复仇者”，于 1944 年首次试飞。后来，美国又将新型雷达安装在 C−1A 小型运输机上，改装成 XTF−1W 早期预警机，于 1956 年 12 月试飞，后又经改进，装上新型电子设备，在 1958 年 3 月 3 日试飞成功，正式定名为 E-1B“跟踪者”舰载预警机，1960 年 1 月 20 日正式装备美国海军。

由于地面雷达受到地球曲度限制，对低高度目标搜索距离有限，同时由于受地形干扰导致搜索效果受限。预警机将整套雷达系统放置在飞机上，借由飞行高度，自空中搜索各类空中、海上或者是陆上目标，提供较佳的预警与搜索效果，延长容许反应的时间与弹性。如 E-2T 预警机作战使用时，可全面监控其防区范围至对方纵深内的广阔空域，增加预警时间，加大防御纵深，进而对敌对方达成战役的隐蔽性、突然性，构成严重威胁；可对己方作战飞机实施及时的指挥、引导，增加主战飞机的作战范围，先于对方发现和攻击；可前出指挥引导，当情况需要时，E-2T 也可在 F-16 的掩护下，前出 150~2 千米进行区外活动，实施警戒、指挥、引导等综合保障，进而对对方纵深部署构成经常性的威胁。

目前，世界上拥有预警机的主要国家和机型有：中国的空警 -2000、空警 -500、空警 -200， 美国的 E-2A、E-2B、E-2C、2000 型“鹰眼”预警机和 E-3“望楼”预警机、E-8“联合星”远距离雷达监视机，俄罗斯的 A-50“中坚”预警机、图 -126 预警机，英国的“猎迷”-MK3 预警机，日本的 E-767 预警机和 E-2C“鹰眼”预警机，以色列的“费尔康”预警机等。

二、导弹

导弹（图 3-5-5）是指依靠自身动力装置推进，由制导系统导引、控制其飞行路线并导向目标的武器。它的弹头可以是普通装药的、核装药的或化学、生物战剂的，其中普通装药的称为常规导弹，核装药的称为核导弹。

☆ 图 3-5-5　导弹

导弹的出现约有 50 年的历史，比火箭晚千年，比火炮晚六七百年。这是因为科学技术发展到 20 世纪 30 年代末期，才提供了研制导弹的技术基础，同时在军事上也提出了研制这种武器的需求。

最早研制出导弹的国家是德国。在第二次世界大战后期，德国为了挽回败局，使用了所谓“复仇武器”1 号和 2 号。前者称为“V-1”，是一种飞行距离为 300 多千米的巡航导弹；后者称为“V-2”，是一种射程约 320 千米的弹道导弹，这两种导弹的弹头都是普通装药。此外，德国还研制了用来对付英、美轰炸机群，比高射炮更有效的地空导弹，如“龙胆草”和“莱茵女儿”导弹，以及反坦克、反舰导弹等，这些导弹后来都成为其他国家发展导弹的借鉴和参考。

导弹按发射点和目标位置通常分为：从地面发射攻击地面目标的地地导弹，从地（水）面发射攻击空中目标的地（舰）空导弹，从空中发射攻击空中目标的空空导弹，从空中发射攻击地（水）面目标的空地（舰）导弹，从水下用潜艇发射攻击地面目标的潜地导弹，从水面舰艇上发射攻击水面舰船的舰舰导弹，从岸上发射攻击水面舰船的岸舰导弹，用于拦截敌方远程弹道导弹的反弹道导弹导弹，用于击毁敌方坦克等装甲目标的反坦克导弹，用于摧毁敌方雷达的反雷达导弹等。导弹也可按照飞行方式分为：在大气层内以巡航状态飞行的巡航导弹，穿出稠密大气层按自由抛物体弹道飞行的弹道导弹。导弹还可按作战使用分为战略导弹和战术导弹。按照射程来分，导弹可分为近程导弹（小于 1 000 千米）、中程导弹（1 000~3 000 千米）、远程导弹（3 000~8 000 千米）、洲际导弹（8 000 千米以上）。

（一）洲际导弹

洲际导弹（图 3-5-6）通常是指射程在 8 000 千米以上的导弹。由于各国所处地理位置和作战对象不同，对洲际导弹的射程规定也不一致。它分为弹道导弹和巡航导弹两类，是战略核武器的重要组成部分。

☆ 图 3-5-6　洲际导弹

1957 年 8 月，苏联首次试射成功第一枚 SS-6 陆基洲际弹道导弹，射程约为 8 000 千米。同年，美国研制成功射程为 8 000 千米的“鲨蛇”洲际巡航导弹，因性能较差，停止发展，而加紧研制射程达 10 000 千米的“宇宙神”洲际弹道导弹，于 1959 年开始装备部队。此后，洲际弹道导弹得到迅速发展。到了 20 世纪 70 年代，出现了潜地洲际导弹。

洲际导弹几经更新换代，战术技术性能大大提高，命中精度（圆公算偏差）从数千米提高到几百米；射程可达一万多千米；发展了集束式多弹头和分导式多弹头，提高了突防和摧毁目标的能力。洲际弹道导弹通常采用多级液体或固体火箭发动机，采用惯性制导或复合制导，携带核装药弹头或多弹头（集束式或分导式）。它具有推力大，飞行速度快，射程远，命中精度高，杀伤破坏威力大等优点，但多数存在体积大、笨重和不便机动等弱点。陆基洲际弹道导弹一般配置在地下发射井内，采用自力发射（热发射）或外力发射（冷发射）方式。潜地洲际弹道导弹配置在核动力潜艇上，从水下发射。美国现役洲际弹道导弹有“民兵”陆基洲际导弹和“三叉戟”潜地洲际导弹等数种型号；俄罗斯则装备有 SS-13、SS-19 陆基洲际导弹和 SS-N-18 潜地洲际导弹等 10 余种型号；中国拥有 DF-31、DF-41 等洲际导弹。

洲际导弹总的发展趋势是：在改进和完善大型导弹的同时，注意发展小型、机动的陆基洲际弹道导弹，增大潜地洲际弹道导弹的射程，研制新型洲际巡航导弹，采用机动式弹头，进一步提高导弹的精度、生存能力、突防和攻击能力。

（二）远程导弹

远程导弹是指射程在 3 000~8 000 千米的导弹。远程导弹属战略导弹，包括远程弹道导弹和远程巡航导弹，通常携带核弹头（核战斗部），打击战略目标。

（三）中程导弹

中程导弹是指射程在 1 000~3 000 千米的导弹。苏联和美国在 1987 年 12 月 8 日签订的《美苏中导条约》中，将射程 1 000~5 500 千米的导弹定为中程导弹，并列入销毁之列。中程导弹属战略导弹，包括中程弹道导弹和中程巡航导弹，通常携带核弹头（核战斗部），打击战略目标。

第二次世界大战后，美国和苏联都重视发展中程导弹，并于 20 世纪 50 年代中、末期装备部队。其主要型号有：美国的“雷神”“丘辟特”导弹，“北极星”A-1、A-2 导弹；苏联的 SS-3、SS-4、SS-N-5、SS-N-6I 导弹等。这些地地、潜地中程弹道导弹性能较差，大多数在 20 世纪 70 年代退役。现役的中程导弹多为中程巡航导弹，主要型号有美国的“战斧”BGM-109A、C、G，AGM-86A、B 等。中程导弹是发展远射程导弹和运载火箭的基础。

三、卫星

卫星是环绕一颗行星按闭合轨道做周期性运行的天体。人造卫星一般亦可称为卫星。自从 1957 年 10 月 4 日苏联将世界第一颗人造卫星送入环地轨道以来，人类已经向浩瀚的宇宙中发射了数千颗人造地球卫星。

军用卫星指的是用于各种军事目的的人造地球卫星。军用卫星按用途一般可分为侦察卫星、气象卫星、导航卫星、测地卫星、通信卫星和拦击卫星等。

（一）侦察卫星

军用侦察卫星又分为照相侦察卫星、电子侦察卫星、海洋监视卫星、导弹预警卫星和核爆炸监视卫星。

1. 照相侦察卫星

照相侦察卫星，是利用光电遥感器对地面摄影以获取军事情报的侦察卫星，常用的遥感设备有可见光照相机、电视摄像机、红外照相机、多光谱照相机和微波遥感设备等。

世界上第一颗照相侦察卫星是美国的“发现者”1号卫星，这是一颗试验性侦察卫星，于1959年2月28日发射成功。1960年8月10日，美国又发射了“发现者”13号试验侦察卫星；8月11日，“发现者”13号接受地面指令控制，弹射出一个装有照相胶卷的密封舱，再入大气层，并在海上回收成功。这是人类从太空收回的第一卷照相胶卷。

2. 电子侦察卫星

电子侦察卫星，是装有电子侦察设备，用于侦察雷达和其他无线电设备的位置与特性，截收对方遥测和通信等机密信息的侦察卫星。

1991年海湾战争中，美国在空袭伊拉克前几个月就开始通过电子侦察卫星搜集掌握了大量的伊军电子情报，并利用这些情报在空袭前几十分钟就开始对伊拉克展开电子战，使伊拉克大部分雷达受到强烈干扰而无法正常工作，无线电通信全部瘫痪，连巴格达电台的广播也因干扰而无法听清。据报道，萨达姆与前线作战指挥官的通话，甚至战场分队之间的通话，均被美国的电子侦察卫星所窃听。

3. 海洋监视卫星

海洋监视卫星，是用于监视海上舰只及潜艇活动、侦察舰艇雷达信号和无线电通信的侦察卫星。世界上第一颗海洋监视卫星是苏联于1967年12月27日发射的“宇宙”198号卫星，这是一颗试验卫星。

4. 导弹预警卫星

导弹预警卫星，是用于监视和发现敌方来袭的战略导弹，并发出警报的侦察卫星。

1991年海湾战争中，美国的“爱国者”导弹有效地拦截了伊拉克发射的“飞毛腿”战术弹道导弹，其中就有预警卫星的功劳。在海湾战争中，美军至少将两颗DSP卫星转到战区上空，用于监视伊拉克“飞毛腿”战术导弹的发射；卫星上的红外望远镜每12秒扫描一次，提供近实时的信息，这些信息经美国空军的计算机处理，在导弹发射后120秒预报落点，给前线提供90秒钟的预警时间。“飞毛腿”从伊拉克打到以色列的特拉维夫仅需5分钟，给防空导弹留下的拦截时间很短，而美国预警卫星可在“飞毛腿”发射后1分钟之内即向海湾地区的美军指挥部报警并提供飞行数据。这种信息同时引导“爱国者”导弹进行拦击，还给出飞毛腿导弹的发射点，以组织对其发射架的轰炸。从1994年开始，美国研制新的一代预警卫星，并加强对战术导弹的预警。

（二）导航卫星

军用导航卫星，是通过发射无线电信号，为地面、海洋和空中军事用户导航定位的人造地球卫星。军用导航卫星可为地面战车、飞机、水面舰艇、地面部队甚至单兵提供精确位置、速度和时间信息，并能为导弹和炮弹提供精确制导，大大提高武器的使用效率。

目前，全球共有四大卫星导航系统，它们是美国的GPS、俄罗斯的GLONASS（格洛纳斯）、中国的BDS（北斗）和欧盟的Galileo（伽利略）。美国的全球定位导航系统（GPS）由24颗卫星组成，为军民两用，其民用定位精度为10米。在海湾战争中，曾限制非美国用户使用GPS信号，在C/A码中加了专用码，供战场使用。

（三）通信卫星

军用通信卫星，是作为空间无线电通信站，担负各种通信任务的人造地球卫星。卫星通信具有通信距离远、容量大、质量好、可靠性高、保密性好、生存能力强、灵活机动等特点。世界上第一颗通信卫星是美国于1958年12月18日发射的“斯科尔”号卫星。这是一颗试验性卫星，该卫星成功地将当时美国总统艾森豪威尔的圣诞节献词发送回了地球。

军用通信卫星包括战略通信卫星和战术通信卫星，其中战略通信卫星用于全球性的战略通信，战术通信卫星用于提供地区性战术通信，以及军用飞机、舰船乃至个人终端的移动通信。

在海湾战争中，盟军动用了11颗通信卫星进行通信与指挥，其中包括Leasat及试验型的MAC卫星。由于现代战争的情报、指挥、通信等信息流量很大，上述通信卫星没有满足需要，特别是基层部队经常联络不上。因此，战后美国及其盟国一致呼吁加速发展小型军用通信卫星来解决战时通信拥挤问题。

另外，军用气象卫星用于提供全球范围的战略地区和任何战场上空的实时气象资料；测地卫星能用于测定地球上任何地点的坐标和地形图，测定打击目标的坐标；拦击卫星是一种采用自身爆炸或发射导弹、激光或粒子束，用以攻击或破坏敌方卫星的卫星式武器。

复习思考题

1. 简述人民海军的组成。
2. 军用卫星按用途一般可分为哪几种?
3. 世界上比较先进的作战飞机主要有哪些?
4. 目前世界上的导航定位系统有哪四种?

第四章　军事训练法规

教学要求

了解《中华人民共和国国防法》《中华人民共和国兵役法》《中华人民共和国国防教育法》的有关内容以及学生军事训练的有关规定，增强依法履行兵役义务的责任和积极参加军事训练的自觉性。

军事训练法规是国家为了加强防务，尤其是加强武装力量建设，用法律形式确定并以国家强制手段保证其实施的行为规则的法规。军事训练法规是国家法律体系的重要组成部分，是调整国防领域中各种关系、坚持依法治军、全面提高部队战斗力的重要保证，也是做好战争准备、赢得战争胜利的根本保障。

第一节　《中华人民共和国国防法》简介

《中华人民共和国国防法》（以下简称《国防法》）是我国国防和军事领域的基本法律，是指导和规范国防和军队建设的基本依据。《国防法》由中华人民共和国第八届全国人民代表大会第五次会议于 1997 年 3 月 14 日通过，1997 年 3 月 14 日中华人民共和国主席令第八十四号公布施行，共 12 章 70 条。其主要内容包括：总则；国家机构的国防职权；武装力量；边防、海防和空防；国防科研生产和军事订货；国防经费和国防资产；国防教育；国防动员和战争状态；公民、组织的国防义务和权利；军人的义务和权益。

一、国防活动的基本原则

（一）独立自主、自力更生的原则

在国防建设中，根据我国的实际情况决定国防建设的目标，不依附于任何大国或国家集团，不与任何国家结盟，也不屈从于任何大国的压力，以自我的力量实现国防

现代化。

（二）积极防御的原则

积极防御战略不仅表明了我国自卫型的国防性质，同时也意味着中国奉行和平外交政策，不主张用武力解决国际争端，但对外来侵略必须用积极的攻势行动予以反击。

（三）全民自卫的原则

在国防建设和军事斗争中，发挥广大人民群众的作用，动员和依靠人民群众，积极参与和支持国防建设，充分体现人民战争的巨大威力。

（四）国防建设与经济建设协调发展的原则

这条原则表明我国国防建设与国家经济建设的一致性，也是正确处理国防建设与经济建设关系的依据。

二、国防经费和国防资产

国防经费是国家用于国防活动的财政支出。我国国防法规定，国家保障国防事业的必要经费；国防经费的增长应当与国防需求和国民经济发展水平相适应；国家对国防经费实行财政拨款制度。

国防资产是国家为武装力量建设、国防科研生产和其他国防建设直接投入的资金、划拨使用的土地等资源，以及由此形成的用于国防目的的武器装备和设备设施、物资器材、技术成果等。国防资产归国家所有；国家根据国防建设和经济建设的需要，确定国防资产的规模、结构和布局，调整和处分国防资产；国家保护国防资产不受侵害，保障国防资产的安全、完整和有效。

三、国防动员

国防动员是指为捍卫国家利益，达成国家防备目的进行的动员，即国家采取措施，由平时状态转入战时状态，统一调动人力、物力、财力为战争服务。

国防动员的内容通常包括：政治动员、武装力量动员、国民经济动员、人民防空动员、交通动员和信息科技动员等。政治动员是围绕实施战争对全体军民进行宣传教育和政治鼓动；武装力量动员是将军队和其他武装组织由平时体制转为战时体制；国民经济动员是把国家和平时期的经济转入战时轨道；人民防空动员是采取各种防护措施，防敌空袭，保护居民、经济设施及其他重要目标。信息科技动员就是立足打赢未来信息化战争，实现从“人力动员”向“信息科技动员”的转变，抢占军事科技创新制高点。

国防动员是国防活动的重要组成部分，是夺取战争胜利的重要因素，是加强经济建设及增强国防实力的重要措施，是壮大国威、威慑敌人的重要战略，是迅速扩充军事力量的直接因素，它直接影响战争的进程和结局，关系国家的安危。古今中外的战争史表明，动员了全国老百姓，就可以陷敌于人民战争的汪洋大海之中。因此，抗击外敌入侵，能否在战争爆发前和整个战争过程中持续不断地深入广泛地做好全国的国防动员，将对战争的进程和结局产生重大影响。

第二节 《中华人民共和国兵役法》简介

我国现行《中华人民共和国兵役法》（以下简称《兵役法》）是2011年10月29日第十一届全国人民代表大会常务委员会第23次会议通过的。《兵役法》主要规定了我国的兵役制度，公民的兵役义务和权利，兵员的平时征集和战时动员，预备役人员的军事训练，高等院校和高级中学学生的军事训练，违反兵役法的惩处等

一、我国的兵役制度

兵役制度是国家关于公民参加武装组织或在武装组织之外承担军事义务、接受军事训练的制度，主要包括：一是公民依照法律在军队中服现役，二是在军外服预备役，三是在校学生接受军事训练等。我国实行义务兵与志愿兵相结合、民兵与预备役相结合的兵役制度。

（一）服役制度

服役分为现役和预备役。现役是指公民自入伍之日起至退伍之日止，在中国人民解放军、中国人民武装警察部队中所服的兵役。义务兵服现役的期限为2年，义务兵服现役期满，根据部队的需要和本人的自愿，经团以上单位批准，可以改为士官。士官实行分级服现役制度，士官服现役的期限一般不超过30年，年龄不超过55周岁。现役军官在平时由下列人员补充：选拔优秀士兵和普通高中毕业生入军队院校学习毕业的学员；直接提升具有普通高等学校本科以上学历表现优秀的士兵；改任现役军官的文职干部；招收军队以外的专业技术人员和其他人员。战时根据需要，可以从士兵、征召的预备役军官和非军事部门的人员中直接任命军官。预备役是指公民在军队外所服的兵役，是国家储备后备兵员的形式。现阶段，凡经过预备役登记，预编到现役部队、编入预备役部队、编入民兵组织服预备役的或者以其他形式服预备役的公民，都属服预备役。

（二）衔级制度

衔级制度分为现役军人的衔级制度和预备役军人的衔级制度、军官的衔级制度和士兵的衔级制度。目前，现役军官军衔设三等十级：一是将官，设上将、中将、少将；二是校官，设大校、上校、中校、少校；三是尉官，设上尉、中尉、少尉。士兵的军

衔按等级分为：高级士官，包括一级军士长、二级军士长、三级军士长；中级士官，包括四级军士长、上士；初级士官，中士、下士；兵，包括上等兵、列兵。预备役军官的军衔分为三等八级：一是预备役将官，设预备役少将；二是预备役校官，设预备役大校、上校、中校、少校；三是预备役尉官，设预备役上尉、中尉、少尉。

（三）兵员的平时征集和战时动员

征集亦称征兵，全国平时的征集工作一般每年一次，征集的人数、要求和时间由国务院和中央军委的命令规定。每年 12 月 31 日以前年满 18 周岁的男性公民，应当被征集服现役。当年未被征集的，在 22 周岁以前仍可以被征集服现役，普通高等学校毕业生的征集年龄可以放宽至 24 周岁。根据军队需要，可按上述年龄规定征集女性公民服现役；根据军队需要和本人自愿，可以征集当年 12 月 31 日以前年满 17 周岁未满 18 周岁的公民服现役。国家实行兵役登记制度，每年 12 月 31 日以前年满 18 周岁的男性公民，都应当在当年 6 月 30 日以前，按照县、自治县、市、市辖区的兵役机关的安排，进行兵役登记。经兵役登记并初步审查合格的，称为应征公民。

在征集期间，应征公民应当按照县、自治县、市、市辖区的兵役机关的通知，按时到指定的体格检查站进行体格检查。应征公民符合服现役条件，并经相关兵役机关批准，被征集服现役。应征公民被征集服现役，同时被机关、团体、企业事业单位招收录用或者聘用的，应当优先履行服兵役义务。应征公民正在被依法侦查、起诉、审判的或者被判处徒刑、拘役、管制正在服刑的，不征集。

（四）学生军训

《兵役法》规定：“高等院校的学生在就学期间，必须接受基本军事训练。根据国防建设的需要，对适合担任军官职务的学生，再进行短期集中训练，考核合格的，经军事机关批准，服军官预备役。”“普通高中和中等职业学校，配备军事教员，组织实施学生的军事训练。”

二、现役军人的优待

现役军人、残疾军人参观游览公园、博物馆、展览馆、名胜古迹享受优待；优先购票乘坐境内运行的火车、轮船、长途汽车以及民航班机；其中，残疾军人按照规定享受减收正常票价的优待，免费乘坐市内公共汽车、电车和轨道交通工具。义务兵从部队发出的平信，免费邮递。军人服现役期间，享受规定的军人保险待遇。军人退出现役后，按照国家有关规定接续养老、医疗、失业等社会保险关系，享受相应的社会保险待遇。

现役军人入伍前已被普通高等学校录取或者是正在普通高等学校就学的学生，服役期间保留入学资格或者学籍，退出现役后两年内允许入学或者复学，并按照国家有关规定享受奖学金、助学金和减免学费等优待；入学或者复学后参加国家组织的农村基层服务项目人选选拔，以及毕业后参加军官人选选拔的，优先录取。

三、法律责任

有服兵役义务的公民拒绝、逃避兵役登记和体格检查的，或者应征公民拒绝、逃避征集的，或者预备役人员拒绝、逃避参加军事训练、执行军事勤务和征召的，不得录用为公务员，两年内不得出国（境）或者升学。在战时，对上述行为，构成犯罪的，依法追究刑事责任。

第三节 《中华人民共和国国防教育法》简介

2001 年 4 月 28 日九届全国人大常委会第二十一次会议审议通过的《中华人民共和国国防教育法》（以下简称《国防教育法》）是我国第一部全面调整和规范国防教育活动的重要法律。这部法律对普及和加强国防教育，增强公民的国防观念，激发人民群众的热情，促进国防建设和社会主义精神文明建设，具有十分重要的意义。该法分为总则、学校国防教育、社会国防教育、国防教育的保障、法律责任、附则共 6 章 38 条。

一、国防教育的目的

国防教育是建设和巩固国防的基础，是增强民族凝聚力、提高全民素质的重要途径。国防教育的目的：一是增强国防观念。使公民和组织了解、支持国防，更好地履行国防义务；二是掌握基本的国防知识和军事技能。使公民了解与国防活动有关的政治、经济、历史、文化、科技、法律等方面的知识，学习和掌握一定的军事技术，具备相应的军事能力；三是激发爱国热情。使公民了解国防建设与国家安全的关系，激发为实现中华民族伟大复兴而奋斗的热情。

二、国防教育的主体

国防教育的主体是国家。一切国家机关、政党和社会团体、企业事业单位和其他社会组织，都有权利和义务做好普及和加强国防教育的工作。全体公民都有接受国防教育的权利和义务。

三、国防教育的方针和原则

国防教育的方针概括为：“全民参与、长期坚持、讲求实效”。

国防教育的原则概括为：“经常教育与集中教育相结合、普及教育与重点教育相结合、理论教育与行为教育相结合”。

四、学校国防教育

学校的国防教育是全民国防教育的基础，是素质教育的重要内容。《国防法》对从小学到大学的国防教育都做出了规定。“小学和初级中学应当将国防教育的内容纳入有关课程，将课堂教学与课外活动相结合，对学生进行国防教育。”“高等学校、高级中学和相当于高级中学的学校应当在有关课程中开展形式多样的国防教育活动。”高等学校的军事理论课作为学生的必修课列入教学计划。

五、全民国防教育日

《国防教育法》规定：国家设立全民国防教育日，每年 9 月份的第三个星期的星期六为全民国防教育日。

第四节 学生军事训练有关规定与要求

学生军事训练是指普通高等学校、高中阶段学校组织的学生军事技能训练和军事理论课教学，以及与学生军事训练有关的其他活动。

一、开展学生军训的意义

学生军训是根据《国防法》《兵役法》《国防教育法》和《中共中央关于教育体制改革的决定》要求进行的。学生军训是学生接受国防教育的基本形式，是培养“四有”人才的一项重要措施，是培养和储备我军后备兵员及预备役军官，壮大国防力量的极度有效的手段。

学生军训的目的是：通过严格的军事训练提高学生的政治觉悟，激发爱国热情，发扬革命英雄主义精神，培养艰苦奋斗、刻苦耐劳的坚强毅力和集体主义精神，增强国防观念和组织纪律性，养成良好的学风和生活作风，掌握基本军事知识和技能。

学生军训是学校教育和教学的重要内容，是学校国防教育的一种有效形式，是国家人才培养和国防后备力量建设的重要举措。从 1955 年毛泽东同志亲自批准开展学生军训工作至今，新中国成立后我们国家开展学生军训工作已经 60 多年了。60 多年来，国家通过开展学生军训工作培养了一批又一批的国家栋梁，大学生爱国、报国热情空前高涨，同时，学生军训也为军队输送了大批优秀人才，为国家储备了大批预备役人员。

二、我国法律对学生军训的规定与要求

学生军训是落实《国防法》《兵役法》和《国防教育法》的实际行动，有利于国

家重点储备一大批既能掌握一定的军事理论和军事技能，又能精通现代科学技术的专门人才，是我军依托国民教育培养现代化军事人才的必由之路，对于加强我国国防后备力量建设具有十分重要的战略意义。

（一）《国防法》对学生军训的规定与要求

《国防法》第四十二条规定：国务院、中央军事委员会和省、自治区、直辖市人民政府以及有关军事机关，应当采取措施，加强国防教育工作。

一切国家机关和武装力量、各政党和各社会团体、各企业事业单位都应当组织本地区、本部门、本单位开展国防教育。

学校的国防教育是全民国防教育的基础。各级各类学校应当设置适当的国防教育课程，或者在有关课程中增加国防教育的内容。军事机关应当协助学校开展国防教育。

教育、文化、新闻、出版、广播、电影、电视等部门和单位应当密切配合，采取多种形式开展国防教育。

（二）《兵役法》对学生军训的规定与要求

《兵役法》第四十五条规定：普通高等学校的学生在就学期间，必须接受基本军事训练。根据国防建设的需要，对适合担任军官职务的学生，再进行短期集中训练，考核合格的，经军事机关批准，服军官预备役。

《兵役法》第四十六条规定：普通高等学校设军事训练机构，配备军事教员，组织实施学生的军事训练。

第四十五条规定的培养预备役军官的短期集中训练，由军事部门派出现役军官与普通高等学校军事训练机构共同组织实施。

（三）《国防教育法》对学生军训的规定与要求

《国防教育法》第十五条规定：高等学校、高级中学和相当于高级中学的学校应当将课堂教学与军事训练相结合，对学生进行国防教育。

高等学校应当设置适当的国防教育课程，高级中学和相当于高级中学的学校应当在有关课程中安排专门的国防教育内容，并可以在学生中开展形式多样的国防教育活动。

高等学校、高级中学和相当于高级中学的学校学生的军事训练，由学校负责军事训练的机构或者军事教员按照国家有关规定组织实施。军事机关应当协助学校组织学生的军事训练。

三、依法开展学生军训工作

学生军事训练是高中阶段学校学生的必修课，是全面贯彻党的教育方针、新时期军事战略方针和总体国家安全观，加强全民教育、国防后备力量建设和实施素质教育，国家主导、军队参与的重要举措，必须依法开展、有序推进。

根据《兵役法》《国防教育法》关于开展学生军事训练的规定，教育部、原总参谋部、原总政治部于2007年3月22日印发了《学生军事训练工作规定》，其中规定：学生军事训练工作，必须围绕服务国家人才培养、服务国防后备力量建设开展，坚持着眼时代特征、遵循教育规律、注重实际效果、实施分类指导的方针。通过军事训练，使学生掌握基本军事技能和军事理论，增强国防观念、国家安全意识，加强组织性、纪律性，弘扬爱国主义、集体主义和革命英雄主义精神，磨炼意志品质，激发战胜困难的信心和勇气，培养艰苦奋斗、吃苦耐劳的作风，树立正确的世界观、人生观和价值观，提高综合素质。

要充分认清依法开展学生军训工作的时代意义，健全工作机制，严格规范标准，不断提高学生军训工作法治化水平。认真贯彻《国防法》《兵役法》和《国防教育法》关于开展学生军训的精神，坚决落实《学生军事训练工作规定》要求，对学生进行艰苦创业教育，以适应国家人才培养和国防后备力量建设的需要，与时俱进、开拓创新，加大保障力度，为国家的改革、发展、稳定和国防现代化建设培养和塑造高素质的后备人才。

要深入贯彻习近平强军思想，坚持党的教育方针，适应我国人才培养战略目标和国防后备力量建设需要，通过军事训练使学生掌握基本的军事通识知识和基本军事技能，增强国防观念和国家安全意识，强化爱国主义、集体主义和革命英雄主义教育。加强学生的组织纪律性，培养学生吃苦耐劳、艰苦朴素的作风，促进学生综合素质提高，为实现中华民族伟大复兴的中国梦培养建设者和保卫者奠定基础。

高中阶段学校学生军事训练包括军事通识知识教育和基本军事技能训练两部分，学生军事训练纳入学校教育教学计划，课程考核成绩，记入学生学籍档案，作为参军入伍、《兵役登记证》办理和参加高考的重要依据。

复习思考题

1. 简述我国法律对学生军训的规定和要求。
2. 国防教育的目的是什么？
3. 我国实行什么样的兵役制度？
4. 谈谈你对依法服兵役的认识。

下篇

基本军事技能

第五章 队 列

教学要求

了解《中国人民解放军队列条令》（以下简称《队列条令》），掌握队列动作的基本要领，培养学生的组织纪律观念、良好的行为举止和军事素养，磨砺顽强作风和坚韧意志。

队列动作，是对单个军人和部队所规定的队列训练、队列生活及日常生活的制式动作，是战斗动作的基础，是培养战斗力的一种必要形式，也是学生集中军训时训练的重点内容。

第一节 队列条令

《队列条令》是规范全军队列动作、队列队形、队列指挥的军事法规，是全军官兵必须共同遵循的行为规范，是全军队列训练的基本依据和队列生活的准则，在军队的建设发展中有着十分重要的地位和作用。现行的《中国人民解放军队列条令（试行）》是 2018 年 3 月 22 日中央军委常务会议通过，2018 年 5 月 1 日起施行，由正文和附录两大部分所构成，共 10 章、89 条、4 条附录。

一、队列训练的意义

加强队列训练，培养良好的军姿、严整的军容、过硬的作风、严格的纪律性和协调一致的动作，落实全面从严治军要求，促进军队正规化建设，巩固和提高战斗力。

二、队列纪律

1. 坚决执行命令，做到令行禁止；
2. 姿态端正，军容严整，精神振作，严肃认真；
3. 按照规定的位置列队，集中精力听指挥，动作迅速、准确、协调一致；

4. 保持队列整齐，出列、入列应当报告并经允许。

三、《队列条令》的主要内容分类

《队列条令》的基本内容主要包括三类，即队列动作、队列队形、队列指挥，它也是军人、分队和部队队列活动的三个基本要素。

（一）队列动作

队列动作，是指单个军人或部（分）队按照《队列条令》的规定所进行的动作，其基本内容分为两类：一类是单个军人队列动作，另一类是部（分）队队列动作。根据队列动作的性质，又可分为站法（包括立正、稍息、跨立）；行进法（齐步、正步、跑步、便步、移步、踏步）；敬礼法（举手礼、注目礼、举枪礼）；整齐法（集合、整齐、报数）；方向和队形变换法；操枪、炮、筒法（提、肩、托、挂、背等）；枪、炮置（架）法；阅兵法；还有出入列法等。单个军人队列动作是部（分）队队列动作的基础，必须学会和掌握。

（二）队列队形

队列队形，是指军人或部（分）队共同行动时，按照《队列条令》规定所采取的列队形式，简称队形。我军现行《队列条令》规定的基本队形有三种：横队、纵队和并列纵队。使用范围区分：班、排只用横队和纵队队形，三种基本队形连、营均适用。

（三）队列指挥

队列指挥，是指挥员对队列人员和列队的部队（分队）的调度。它通常用口令实施，有时用音响、光色、手势、旗语，必要时也用有线电、无线电和运动通信等手段实施。为搞好队列指挥，我军《队列条令》明确规定了指挥员的指挥位置、指挥方法，并对指挥员在进行队列指挥时提出了严格的要求。队列指挥在队列生活中有着极为重要的作用，凡队列活动均应实施队列指挥。

第二节 队列动作

一、立正、稍息、跨立

（一）立正

立正是军人的基本姿势，是队列动作的基础。

口令：立正。

要领：两脚跟靠拢并齐，两脚尖向外分开约60度；两腿挺直；小腹微收，自然挺胸；

上体正直，微向前倾；两肩要平，稍向后张；两臂下垂自然伸直，手指并拢自然微曲，拇指尖贴于食指第二节，中指贴于裤缝；头要正，颈要直，口要闭，下颌微收，两眼向前平视。如图 5-2-1 所示。参加阅兵时，下颌上仰约 15 度。

☆ 图 5-2-1 徒手立正姿势

（二）稍息

口令：稍息。

要领：左脚顺脚尖方向伸出约全脚的 2/3，两腿自然伸直，上体保持立正姿势。身体重心大部分落于右脚；稍息过久，可以自行换脚，动作应当迅速。

（三）跨立

跨立即跨步站立，主要用于训练、执勤和舰艇上分区列队等场合，可与立正互换。

口令：跨立。

要领：左脚向左跨出约一脚之长，两腿挺直，上体保持立正姿势，身体重心落于两脚之间；两手后背，左手握右手腕，拇指根部与外腰带下沿或者内腰带上沿同高；右手手指并拢自然弯曲，拇指贴于食指第二节，手心向后。如图 5-2-2 所示。携枪时不背手。

☆ 图 5-2-2 跨立

二、敬礼、礼毕和单个军人敬礼

（一）敬礼

敬礼分为举手礼、注目礼和举枪礼。

1. 举手礼

口令：敬礼。

要领：上体正直，右手取捷径迅速抬起，五指并拢自然伸直，中指微接帽檐右角前约 2 厘米处（戴卷檐帽、无檐帽或者不戴军帽时微接太阳穴，约与眉同高），手心向下，微向外张（约 20 度），手腕不得弯曲，右大臂略平，与两肩略成一线，同时注视受礼者。

2. 注目礼

要领：面向受礼者成立正姿势，同时注视受礼者，并目迎目送，右、左转头角度不超过 45 度。

3. 举枪礼

举枪礼用于阅兵式或者执行仪仗任务。

口令：向右看——敬礼。

要领：右手将枪提到胸前，枪身垂直并对正衣扣线，枪面向后，离身体约 10 厘米，枪口与眼同高，大臂轻贴右肋；同时左手接握表尺上方，小臂略平，大臂轻贴左肋；同时转头向右注视受礼者，并目迎目送，右、左转头角度不超过 45 度。

（二）礼毕

口令：礼毕。

要领：行举手礼者，将手放下；行注目礼者，将头转正；行举枪礼者，将头转正，右手将枪放下，使枪托底板轻轻着地，同时左手放下，成持枪立正姿势。

（三）单个军人敬礼

要领：单个军人在距受礼者 5~7 步处，行举手礼或者注目礼。

徒手或者背枪时，停止间，应当面向受礼者立正，行举手礼，待受礼者还礼后礼毕；行进间（跑步时换齐步），转头向受礼者行举手礼，并继续行进，左臂仍自然摆动（图 5-2-3），待受礼者还礼后礼毕。

☆ 图 5-2-3　行进间徒手敬礼

携带武器（除背枪）等不便行举手礼时，不论停止间或者行进间，均行注目礼，待受礼者还礼后礼毕。

三、停止间转法

（一）向右（左）转

口令：向右（左）——转。

半面向右（左）——转。

要领：以右（左）脚跟为轴，右（左）脚跟和左（右）脚掌前部同时用力，使身体协调一致向右（左）转 90 度，身体重心落在右（左）脚，左（右）脚取捷径迅速靠拢右（左）脚，成立正姿势。转动和靠脚时，两腿挺直，上体保持立正姿势。

半面向右（左）转，按照向右（左）转的要领转 45 度。

（二）向后转

口令：向后——转。

要领：按照向右转的要领向后转 180 度。

四、行进与立定

行进的基本步法分为齐步、正步和跑步，辅助步法分为便步、踏步、移步和礼步。

（一）行进

1. 齐步

齐步是军人行进的常用步法。

口令：齐步——走。

要领：左脚向正前方迈出约 75 厘米，按照先脚跟后脚掌的顺序着地，同时身体重心前移，右脚照此法动作；上体正直，微向前倾；手指轻轻握拢，拇指贴于食指第二节；两臂前后自然摆动，向前摆臂时，肘部弯曲，小臂自然向里合，手心向内稍向下，拇指根部对正衣扣线，并高于春秋常服或者冬常服最下方衣扣约 5 厘米（着夏常服、水兵服时，高于内腰带扣中央约 5 厘米；着作训服时，与外腰带扣中央同高），离身体约 30 厘米；向后摆臂时，手臂自然伸直，手腕前侧距裤缝线约 30 厘米。如图 5-2-4 所示。行进速度每分钟 116~122 步。

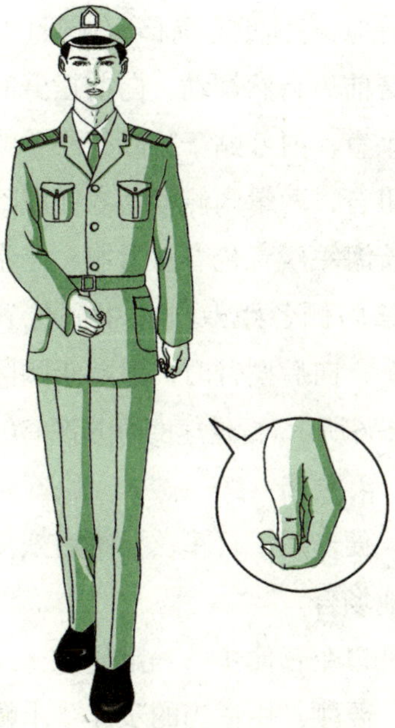

☆ 图 5-2-4 齐步

2. 正步

正步主要用于分列式和其他礼节性场合。

口令：正步——走。

要领：左脚向正前方踢出约 75 厘米，腿要绷直，脚尖下压，脚掌与地面平行，离地面约 25 厘米，适当用力使全脚掌着地，同时身体重心前移，右脚照此法动作；上体正直，微向前倾；手指轻轻握拢，拇指伸直贴于食指第二节；向前摆臂时，肘部弯曲，小臂略成水平，手心向内稍向下，手腕下沿摆到高于春秋常服或者冬常服最下方衣扣约 15 厘米处（着夏常服、水兵服时，高于内腰带扣中央约 15 厘米处；着作训服时，高于外腰带扣中央约 10 厘米处），离身体约 10 厘米；向后摆臂时左手心向右、右手心向左，手腕前侧距裤缝线约 30 厘米。如图 5-2-5 所示。行进速度每分钟 110~116 步。

☆ 图 5-2-5　正步

3. 跑步

跑步主要用于快速行进。

口令：跑步——走。

要领：听到预令，两手迅速握拳（四指蜷握，拇指贴于食指第一关节和中指第二节），提到腰际，约与腰带同高，拳心向内，肘部稍向里合。听到动令，上体微向前倾，两腿微弯，同时左脚利用右脚掌的蹬力跃出约 85 厘米，前脚掌先着地，身体重心前移，右脚照此法动作；两臂前后自然摆动，向前摆臂时，大臂略垂直，肘部贴于腰际，小臂略平，稍向里合，两拳内侧各距衣扣线约 5 厘米（着海军藏青色春秋常服、冬常服时，两拳内侧各距双排扣中间位置约 5 厘米）；向后摆臂时，拳贴于腰际。如图 5-2-6 所示。行进速度每分钟 170~180 步。

☆ 图 5-2-6　跑步

4. 便步

便步用于行军、操练后恢复体力及其他场合。

口令：便步——走。

要领：用适当的步速、步幅行进，两臂自然摆动，上体保持良好姿态。

5. 踏步

踏步用于调整步伐和整齐。

停止间口令：踏步——走。

行进间口令：踏步。

要领：两脚在原地上下起落（抬起时，脚尖自然下垂，离地面约15厘米；落下时，前脚掌先着地），上体保持正直，两臂按照齐步或者跑步摆臂的要领摆动。如图5-2-7所示。

☆ 图5-2-7 踏步

6. 移步（5步以内）

移步用于调整队列位置。

（1）右（左）跨步

口令：右（左）跨 × 步——走。

要领：上体保持正直，每跨1步并脚一次，其步幅约与肩同宽，跨到指定步数停止。

（2）向前或者后退

口令：向前 × 步——走。

后退 × 步——走。

要领：向前移步时，应当按照单数步要领进行（双数步变为单数步）。向前1步时，用正步，不摆臂；向前3步、5步时，按照齐步走的要领进行。向后退步时，从左脚开始，每退1步靠脚一次，不摆臂，退到指定步数停止。

（二）立定

口令：立——定。

要领：齐步、正步和礼步时，听到口令，左脚再向前大半步着地，脚尖向外约30度，两腿挺直，右脚取捷径迅速靠拢左脚，成立正姿势。跑步时，听到口令，继续跑2步，然后左脚向前大半步（两拳收于腰际，停止摆动）着地，右脚取捷径靠拢左脚，同时将手放下，成立正姿势。踏步时，听到口令，左脚踏1步，右脚靠拢左脚，原地成立正姿势；跑步的踏步，听到口令，继续踏2步，再按照上述要领进行。

五、步法变换

步法变换，均从左脚开始。

（一）齐步与正步互换

口令：同齐步走和正步走。

动作要领：行进间，听到口令，左脚继续向前一步，即换齐步或正步行进。

动作要求及标准：步法变换时，军姿不变形，变换时机准确，动作规范。

（二）齐步与跑步互换

口令：同齐步走和跑步走。

动作要领：齐步换跑步时，听到预令，两手迅速握拳提于腰际，两臂前后自然摆动；听到动令，即换跑步行进。

跑步换齐步时，听到口令，继续跑两步，然后，换齐步行进。

动作要求及标准：步法变换时，军姿不变形，变换时机准确，动作规范。

（三）齐步与踏步互换

口令：齐步——走。踏步。

动作要领：齐步换踏步，听到口令，即换踏步。踏步换齐步，听到“前进”的口令，继续踏 2 步，再换齐步行进。

动作要求及标准：步法变换时，军姿不变形，变换时机准确，动作规范。

（四）跑步与踏步互换

口令：跑步——走。踏步。

动作要领：跑步换踏步，听到口令，继续跑 2 步，然后换踏步。踏步换跑步，听到“前进”的口令，继续踏 2 步，再换跑步行进。

动作要求及标准：步法变换时，军姿不变形，变换时机准确，动作规范。

六、坐下、蹲下、起立

（一）坐下

口令：坐下。

要领：左小腿在右小腿后交叉，迅速坐下，手指自然并拢放在两膝上，上体保持正直。

（二）蹲下

口令：蹲下。

要领：右脚后退半步，前脚掌着地，臀部坐在右脚跟上（膝盖不着地）两脚分开约 60 度（女军人两腿自然并拢），手指自然并拢放在两膝上，上体保持正直。蹲下过久，可自行换脚。如图 5-2-8 所示。

（三）起立

口令：起立。

要领：全身协力迅速起立，成立正姿势。

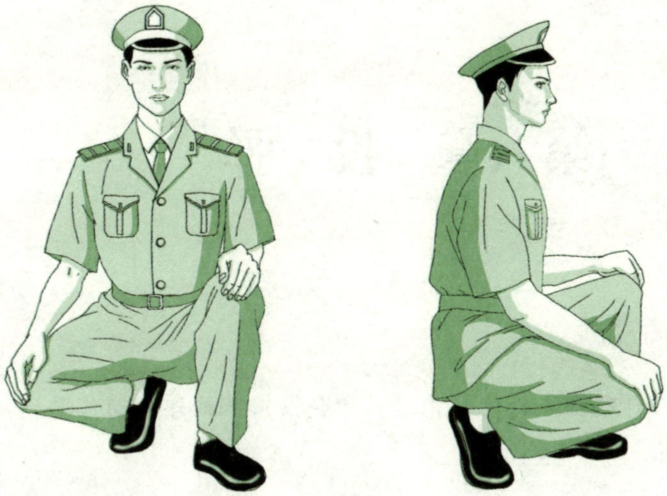

☆ 图 5-2-8 蹲下

复习思考题

1. 简述队列训练的意义。
2. 队列纪律的内容有哪些?
3. 立正的动作要领是什么?
4. 敬礼有哪几种?

第六章 投 弹

教学要求

了解手榴弹的基本性能、构造，学会投掷手榴弹的动作要领，培养学生良好的战斗素养。

手榴弹，是用手投掷使用的爆炸弹药，是战场上单兵近距离作战的重要武器。它具有体积小、重量轻、威力大，构造简单、性能可靠、使用方便等特点；即使投在水、雪、泥中也能爆炸。

第一节 手榴弹性能

一、1967 年式木柄手榴弹

1967 年式木柄手榴弹于 20 世纪 60 年代中期研制，1967 年完成设计定型，20 世纪 60 年代末开始装备我军，现在仍是我军的制式装备。该弹由 1963 年式木柄手榴弹改造而成，主要解决了 63 式木柄手榴弹使用不安全、投掷时早炸和易受潮瞎火等问题。该弹由弹体、木柄、发火装置三部分组成。弹体由 0.5 厘米厚的铸铁制成，内装 TNT 炸药；木柄用于连接弹体，容纳发火装置，并便于投掷，木柄上端有弹盖和防潮纸；发火装置由拉火环、拉火绳、火帽、拉火簧、导火索和雷管组成，用于发火、延期和引爆炸药。如图 6-1-1 所示。该弹的主要优点是结构简单，造价低廉，便于大批量生产；

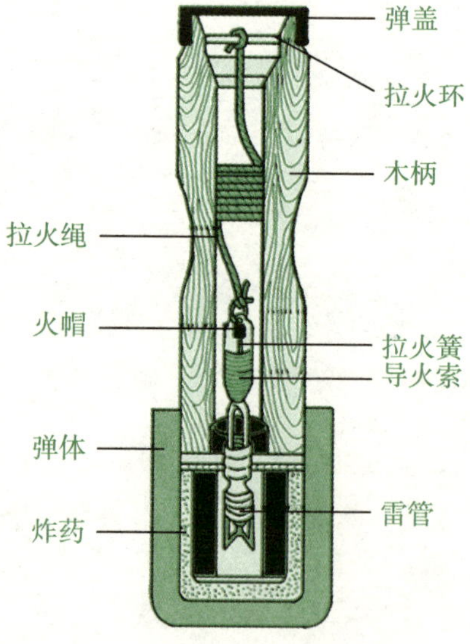

☆ 图 6-1-1 67 式木柄手榴弹

缺点是全弹质量过大，体积过大，破片数量较少。67 式木柄手榴弹全弹质量 600 克，弹径 48 毫米，全弹长 204 毫米。

二、1982–2 式手榴弹

☆ 图 6–1–2　82–2 式手榴弹

1982–2 式全塑无柄钢珠手榴弹于 1986 年设计定型，因而又称为 1986 式手榴弹，除两种 1982–2 式手榴弹进行了批量生产外，其余几个弹种也是定型后便转入了技术储备。1982–2 式手榴弹研制的目的是用来取代 1977–1 式木柄手榴弹的。该弹由弹体和引信两大部件组成（图 6–1–2）。破片衬套是用 1 600 颗钢珠和塑料注塑成型的，每颗钢珠的直径约 3.0 毫米，在破片衬套外裹注一层塑料，作为手榴弹的壳体。为了防滑和便于握持，在弹体外注塑有纵横肋条，横向肋条 5 条，径向肋条 8 条。主装药是 40 克高能炸药。该弹增加了保险销拉环固定装置，可确保手榴弹在各种环境下的使用安全。引信为翻板击针式针刺发火延期时间引信，由引信体、点火机构、起爆装置和保险机构 4 部分组成。平时用保险销将引信固定在保险状态，并使击发扭簧处于储能状态；使用时拔除保险销，翻板击针在扭簧的驱动下击发火帽，这样大幅度提高了手榴弹的安全性和可靠性。1982–2 式手榴弹全弹质量 260 克，弹径 52 毫米，全弹长约 90 毫米。该弹的主要特点是：结构简单、经济性好、体积小、质量轻，与 1967 年式木柄手榴弹比较，体积缩小了 58%，质量减少了 57%；安全性和可靠性高。

第二节　手榴弹构造

手榴弹包括三个基本组成部分：弹体、装药和引信。

弹体用于填装炸药，有些手榴弹的弹体还可生成破片。弹体可由金属、玻璃、塑料或其他适当材料制成。弹体材料的选择对手榴弹的杀伤力和有效杀伤距离具有直接影响。铝或塑料弹体产生的碎片及破片要比钢制弹体小得多，而且也轻得多，因此动能的消失速度也就快得多。但从另一方面讲，铝或塑料破片在近距离上可致人重伤，而且对伤员动手术也困难得多。

装药的类型决定着手榴弹的用途。手榴弹的装药可以是梯恩梯炸药，也可以是其他种类的炸药，还可以是催泪瓦斯、铝热剂（燃烧剂、白磷等）等化学战剂。

引信是引爆或点燃装药的一种机械或化学装置。大多数手榴弹主要采用两种引信：起爆引信和点火引信。起爆引信在弹体内以引爆装药，多用于杀伤手榴弹；点火引信则通过高温燃烧引燃化学装药，主要用于化学手榴弹。不管工作原理如何，手榴弹的引信或以撞击或以延时的方式激活。目前的杀伤性手榴弹大都使用延时引信，有的也使用组合式引信（即触发引信在解除保险之前有短暂的延时）。但是，触发式引信仍然保持着某种优势。例如，敌人无法躲避或扔回触发式引信手榴弹，在将其投向上坡时也不会出现滚回的危险。因此，这种引信并没有被完全抛弃。

出于同样的原因，在延时长短的选择上（一般为 4~5 秒，某些型号为 6~8 秒），人们不断在安全考虑和不留给敌人反应时间之间进行平衡与折中。此外，短暂的延时更容易实现空中爆炸，使有效杀伤半径最大化。

第三节 手榴弹投掷

手榴弹投掷的方法很多，根据身体的姿势，主要可分为立姿、卧姿、跪姿投掷三种；根据手中是否有武器，可分为徒手和持枪投掷两种，等等。在实战中，投掷者要善于根据当时的地形、敌情和个人情况灵活应用各种投掷方法。

一、立姿徒手原地投弹

（一）口令

“准备手榴弹”“投”。

（二）动作要领

左脚后退一大步，右手将弹由前下经体侧引向后方。弹体比右肩稍低，右臂自然伸直，上体左侧对正投掷方向。左小臂自然微屈在腹前，左腿伸直，右腿弯曲，上体侧后仰，体重大部分落在右脚。两眼注视前方。完成引弹动作后，右脚迅速向后用力蹬地，伸直右腿，同时向前送胯。在送胯的过程中，胸部转向投掷方向，此时要挺胸、抬头、以大臂带动小臂，右肘在肩后往上翻，肘高于肩，用最大的力量快速挥臂，挥臂过肩时，左脚迅速用力蹬地，同时收腹，猛扣手腕，将弹投出。如图 6-3-1 所示。

（三）常见错误动作及纠正方法

1. 引弹和投掷时，肘部弯曲，超越器械不够

原因：肩、肘关节柔韧性差，动作僵硬，不够协调放松。

☆ 图 6-3-1 原地投弹

纠正方法: 加强肩、肘关节柔韧性练习。原地投掷练习时, 体会放松用力协调动作, 形成较好超越器械动作。

2. 最后用力时上体过早前移

原因：腰腹力量差，前腿支撑不够，后退没有蹬伸。

纠正方法：加强腰腹部力量练习，在原地反复进行转胯、蹬地、挺胸和扣碗等连贯动作练习。

二、徒手行进间投弹

采取行进间投掷的目的是为了在最后用力前使身体和器械获得一定的向前速度，并在助跑中做好引弹动作，为进入最后用力创造良好条件，增加投掷距离。

助跑距离应根据个人速度快慢而定。一般在 22~28 米，其中前 15~19 米为预跑阶段，后 9~11 米为投掷阶段。

（一）动作要领

预跑阶段：从第一标志线到第二标志线为预跑阶段，距离为 15~19 米。预跑时整个动作要求自然、放松，上体略向前倾，用前脚掌着地，有弹性地逐渐加速。加速助跑逐渐达到最大的力量，持弹臂按携弹法实施。

投掷步阶段：投掷步是第二标志线到投掷线的距离（7~9 米），是助跑的第二阶段，一般采用三步交叉法。它的主要任务是在加速的情况下做好投掷的预备动作。

以右手持弹为例，当持弹者跑完预跑阶段后，右脚踏在第二标志线，左脚向前迈出为投掷步的第一步，同时右手向前下引弹，左脚落地后，右脚的大腿带动小腿，借左脚蹬地力量快速超越左脚，用脚掌外侧着地，形成两腿重叠的交叉步姿势。与此同时，右手继续向后引弹，上体右转，左臂自胸前，左肩侧对投掷方向，在右脚尚未落地的同时，左腿迅速蹬直前伸，当右脚落地时，左脚已超过右脚着地。此时右腿弯曲，左腿伸直，上体稍后倾重心落于右脚，左肩侧对投掷方向，左臂自然于胸前，手榴弹在右肩下方，成良好的超越器械动作。随即，右腿积极蹬伸推动，推动髋关节向前上方转动，挺髋挺胸，肩部左转右臂翻肘，形成满弓姿势，并集中全身力量，在一刹那间向前上方挥臂。当右臂挥过肩时，左腿用力蹬身，同时收腹，猛扣手腕，将手榴弹投出（手榴弹出手角度为30~35度）。尔后右腿顺惯性向前跨出一大步，屈膝缓冲，保持身体平衡，避免犯规。

为正确掌握投掷方法，可根据投掷动作的先后顺序将投掷技术归纳为举（举弹在右肩上）、跑（直线有节奏快速助跑）、踏（投掷时左脚踏在标志线上）、引（向前下后引弹）、叉［两腿交叉步，即右（左）脚在前，左（右）脚在后，身体扭转］、侧（左侧对投掷方向，身体后倾）、超（身体在前弹在后，成超越器械动作）、弓（第三步成满弓）、蹬（右脚蹬地伸直腿，挺髋挺胸）、转（蹬腿时转肩）、收（收腹含胸）、甩（甩腕把弹投出）、降（投完弹后降重心）、缓（最后缓冲步）。

（二）常犯错误纠正方法

常犯错误是助跑和引弹与最后用力脱节。

产生原因：助跑中停下来再引弹或是引弹动作完成后不紧接着做最后的用力动作，造成助跑引弹最后用力脱节。

纠正方法：经常进行走步和助跑中最后用力向前的引弹练习，掌握正确的助跑引弹和最后用力的结合的技术动作。

三、跪、卧姿投弹

（一）口令

口令同“立姿徒手原地投弹”。

（二）动作要领

1. 跪姿投弹

通常跪右膝，右手握弹，尽量后引，上体侧后仰，左腿稍前伸，利用右脚的蹬力和转体挥臂的力量，将弹投出；投弹瞬间，左腿迅速收回支撑身体，右膝可稍离开地面。持枪时，将枪放在身体侧方地上，投弹后，迅速取枪。

2. 卧姿投弹

准备好手榴弹后，左小臂里合，左腿屈于右腿下，左手将上体迅速撑起，跪左膝，上体侧后仰。同时，右手向体侧后投弹，借右脚蹬力和上体前扑的力量，猛力挥臂，将弹投出手后，迅速卧倒，目视前方。持枪时，将枪放在身体右侧地上，投弹后，迅速取枪。

复习思考题

1. 简述 1967 年式手榴弹的性能。
2. 简述 1982-2 式手榴弹的性能。
3. 立姿徒手原地手榴弹投掷的动作要领是什么?
4. 谈谈你对手榴弹在未来战争中的作用的认识。

第七章 轻武器射击

教学要求

了解轻武器的战斗性能和轻武器射击学理基本知识，掌握验枪方法，学会对不动目标的射击要领。

第一节 轻武器常识

在世界各国的武器库里，品种和数量最多的是步兵轻武器。轻武器，通常是指可由单兵或班组携行战斗的武器，主要包括各种枪械、单兵杀伤武器、便携式反坦克武器和单兵防空导弹等。

一、95 式 5.8 mm 班用枪族

QBZ95式5.8 mm自动步枪(图7-1-1）和 QJZ95 式 5.8 毫米轻机枪（图 7-1-2），是使用同一种枪弹，基本结构相同，主要零部件可以通用，而用途各异的一枪种系列，故称为一个枪族，又叫班用枪族，主要供步兵班使用。

☆ 图 7-1-1 QBZ95 式 5.8 毫米自动步枪

QBZ95 式 5.8 毫米自动步枪是我军较新式的一种近距离消灭敌人的自动武器，对单个目标在 400 米距离内射击最佳，集中火力可射击 500 米以内的敌人的飞机、伞兵以及集团目标。能用实弹发射 40 毫米系列枪榴弹，使步兵具有

☆ 图 7-1-2　QJZ95 式 5.8 毫米轻机枪

点面杀伤和反装甲能力。表尺射程：破甲枪榴弹 120 米，杀伤枪榴弹 250 米，最大射程 400 米。必要时，该枪还可以加挂防暴榴弹发射器，发射 35 毫米系列防暴榴弹，以完成特殊任务，其表尺射程 350 米，最大射程 360 米。

QBZ95 式 5.8 毫米自动步枪由枪刺、枪管、导气装置、瞄准装置、护盖、枪机、枪机框、复进簧、击发机、枪托、机匣和弹匣（弹鼓）等组成，另有一套附件。轻机枪还有枪架。

（一）枪刺（匕首）

枪刺（匕首）（图 7-1-3）用以刺杀敌人，也可以作为格斗匕首和野战工作用刀。

多功能枪刺由刺刀和刀鞘组成。刺刀上有剪刀部位、剪刀轴孔、锉削部位、刀环、刀柄座、砍削部位和锯割部位。刀鞘上有挂带、带扣、磨刀石、平口起子、剪板座和轴。

战斗中，如需用刺刀刺杀敌人时，应将刺刀装在枪上，其要领是：将刀环套入枪的膛口装置前端，刀柄座的 T 形槽对准枪上刺刀座的 T 形凸笋，向后拉到定位。卸下刺刀时，左手握护盖，右手用力按压刀柄上的卡笋（刻有直纹处），然后将刺刀向枪口方向抽出，并装入刀鞘内，挂在腰带上。

☆ 图 7-1-3　枪刺（匕首）

（二）枪管

枪管（图 7-1-4）用以赋予弹头及枪榴弹的飞行方向。

枪管内是枪膛，枪膛分为弹膛和线膛。弹膛用以容纳子弹，线膛能使弹头在前进时旋转运动，以保持飞行的稳定性。

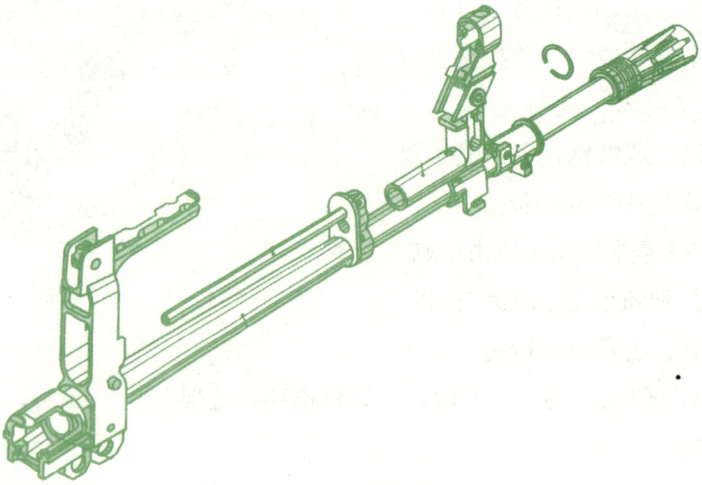

☆ 图 7-1-4 枪管

枪口装置用来减小发射时枪口的跳动和火焰，并与后定位器配合，作为榴弹发射器及刺刀连接座使用。

（三）导气装置

导气装置用以承受火药气体的压力，推压枪机向后，由气体调节器（图 7-1-5）、活塞及活塞簧（图 7-1-6）组成。

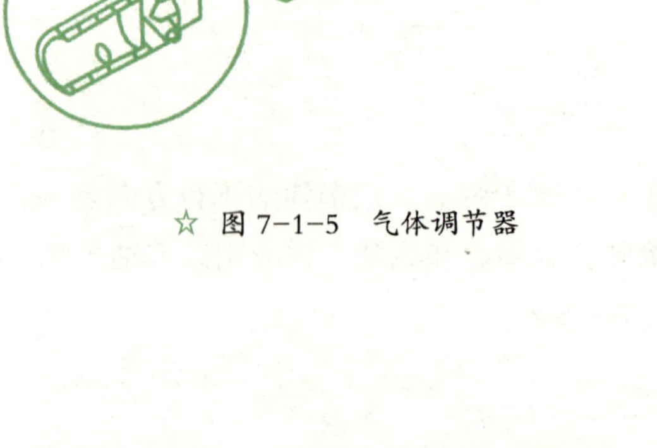

☆ 图 7-1-5 气体调节器

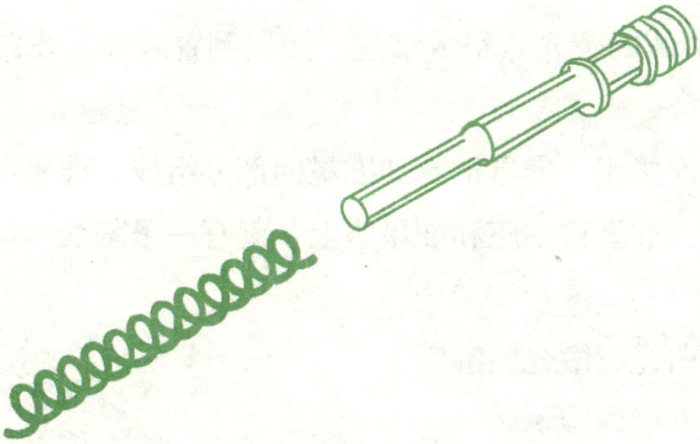

☆ 图 7-1-6 活塞和活塞簧

气体调节器用以调节火药气体的大小，其上标有“0”“1”“2”的数字，分别表示闭气、小孔和大孔位置，通常装定在“1”上，当武器过脏来不及擦拭或在严寒条件下射击时装定在“2”上。发射枪榴弹时，必须将气体调节器转动到“0”的位置，以防损坏活动机件。

活塞用以承受火药气体的压力，推动枪机向后。

活塞簧用以使活塞回到前方位置。

（四）瞄准装置

瞄准装置用于对目标进行瞄准，由机械瞄准具及白光、微光瞄准镜组成。

机械瞄准具由表尺机构（图 7-1-7）和准星机构组成（图 7-1-8）。

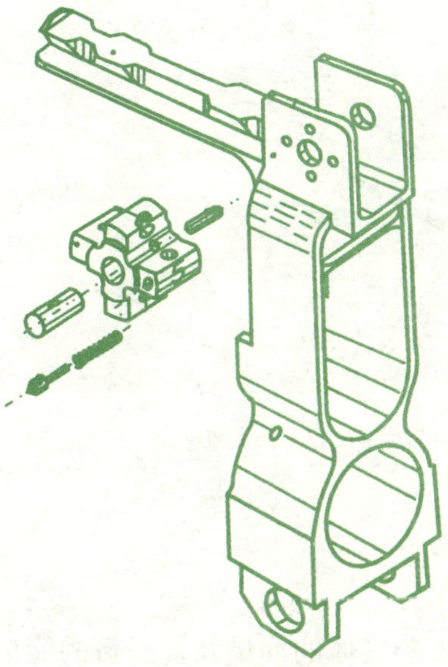

☆ 图 7-1-7 表尺机构

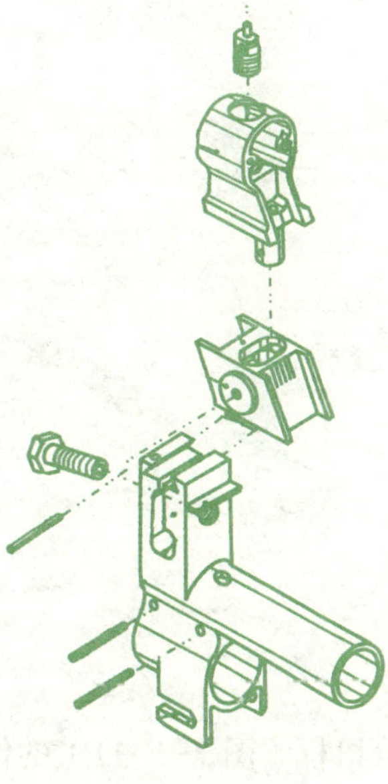

☆ 图 7-1-8 准星机构

表尺上有觇孔，标有1、3、5三个数字，分别表示100米、300米和500米，表尺“0”上荧光点与准星两侧的荧光点组成准星、照门倒置式简易夜瞄装置，其使用同表尺“3”。

准星由准星座、准星连接座、准星护圈和准星四部分组成。准星可拧高、拧低，准星移动座可以左右移动，准星移动座和准星座上各刻有一条刻线，用以检查准星位置是否正确。

瞄准镜座，用以安装白光、微光瞄准镜。

瞄准镜（详见白光瞄准镜内容）。

（五）护盖

护盖（图7-1-9）主要用以操持武器和射击，由上护盖与下护盖组成。

上护盖有提把，用以提枪前进。下护盖有握把、扳机护圈、小握把、护盖锁孔、挂合杆，主要用以操持武器和射击。握把内为附件筒巢，用于容纳附件筒，前端小握把有通气孔，用以及时散热冷却枪管。

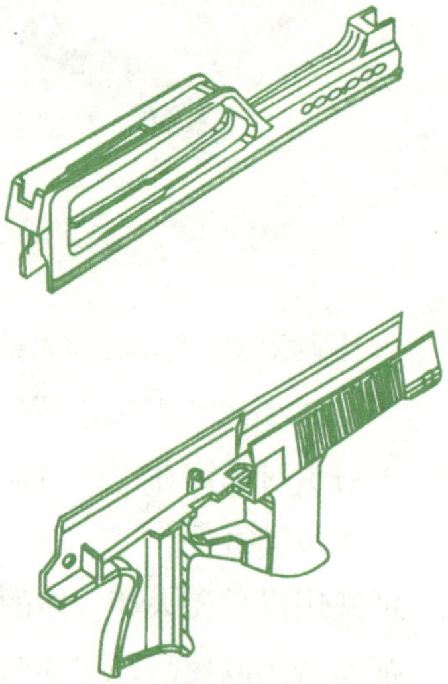

☆ 图7-1-9 护盖

（六）枪机和枪机框

枪机（图7-1-10）的作用是推弹进膛、闭锁枪膛、击发火帽、退出弹壳。由机体、击针、拉壳钩组成。

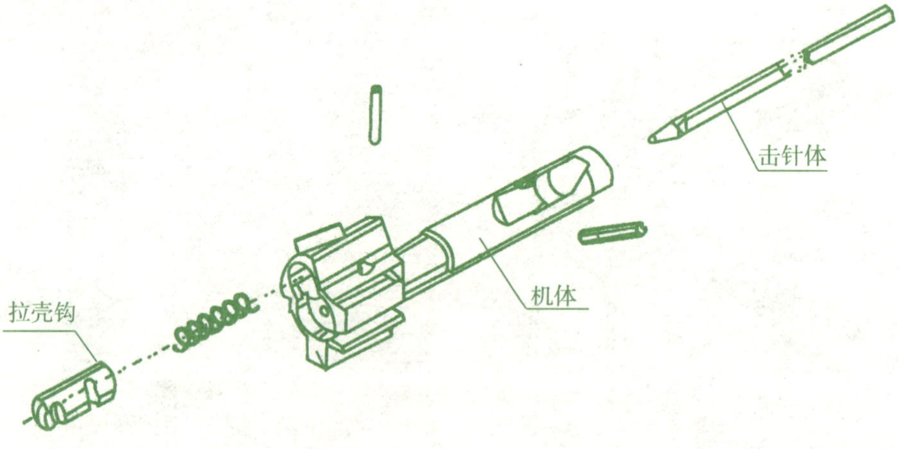

☆ 图7-1-10 枪机

枪机框（图7-1-11）的作用是承受并传递火药气体的冲量及复进簧的能量；带动枪机前后运动；与枪机配合完成开闭锁。由机框体、传动杆和活塞三部分组成。

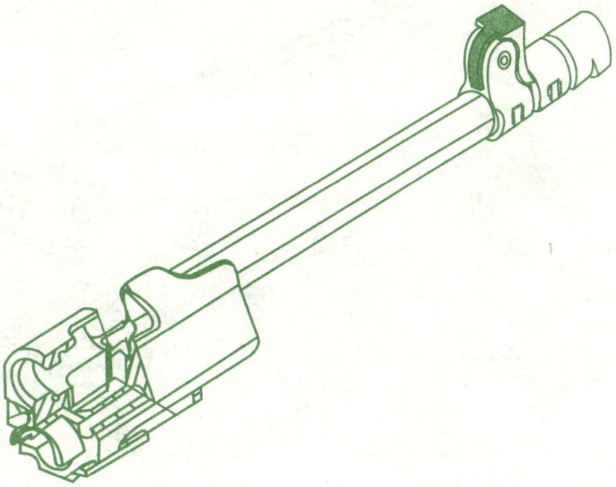

☆ 图 7-1-11　枪机框

（七）复进机

复进机（图 7-1-12）用以储存枪机、枪机框的部分后坐能量，以便赋予枪机、枪机框向前复进并完成推弹、闭锁、解除不到位保险等所必需的能量。由复进簧、簧座组成。

☆ 图 7-1-12　复进机

（八）击发机

击发机（图 7-1-13）用以控制单发、操纵击发及保险。

击发机由扳机、扳机拉杆、阻铁杠杆、击发阻铁、单发阻铁、不到位保险机、解脱杠杆、快慢机、击锤、击锤簧、击锤簧导杆、顶头及击发机座组成。快慢机上的“0”“1”“2”分别为保险、单发和连发位置。

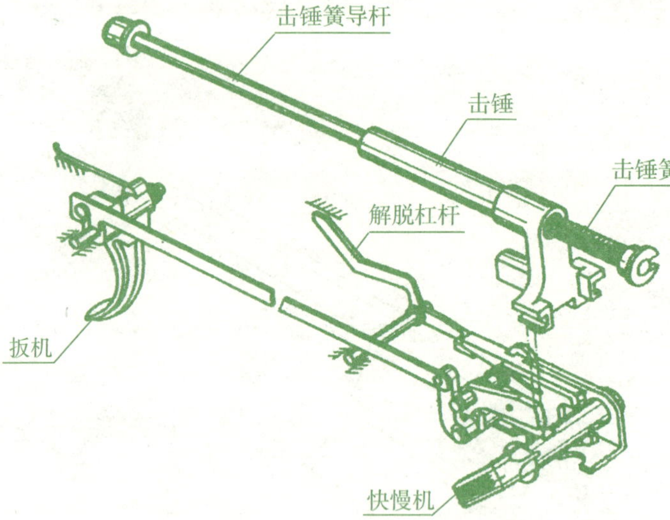

☆ 图 7-1-13　击发机

（九）机匣（图 7-1-14）

机匣用以容纳枪机、固定快慢机和弹匣。

机匣外有弹匣卡笋和弹匣结合口，用以结合弹匣或弹鼓。

机匣内有闭锁卡槽，能保证枪机闭锁枪膛；枪机阻铁，当弹匣内无子弹时，能使枪机停在后方位置；拨弹凸笋，用以拨出弹壳（子弹）。

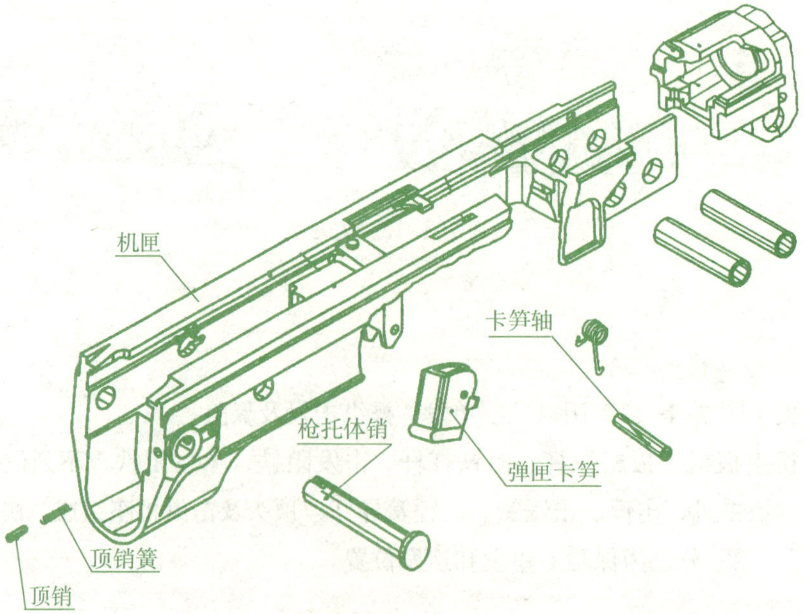

☆ 图 7-1-14　机匣

（十）枪托

枪托（图 7-1-15）用以保证机匣内部免沾污垢和便于操作。

枪托右侧有抛弹壳（子弹）口，枪托内有杠杆式缓冲器和后端的变刚度托板组成双缓冲机构，可降低活动机件后坐时的撞击。

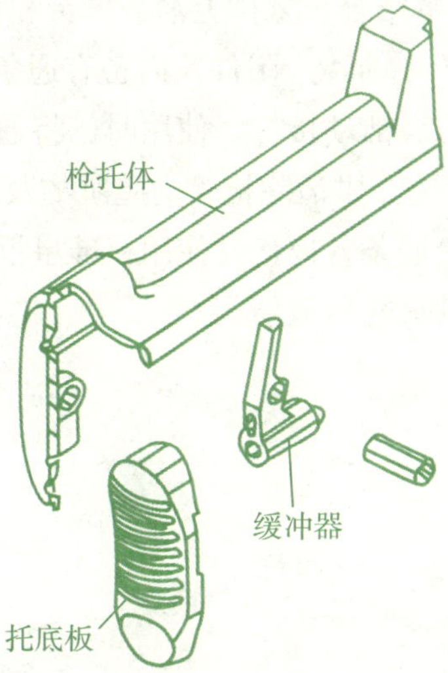

☆ 图 7-1-15 枪托

（十一）弹匣

弹匣（图 7-1-16）用以容纳和托送子弹。

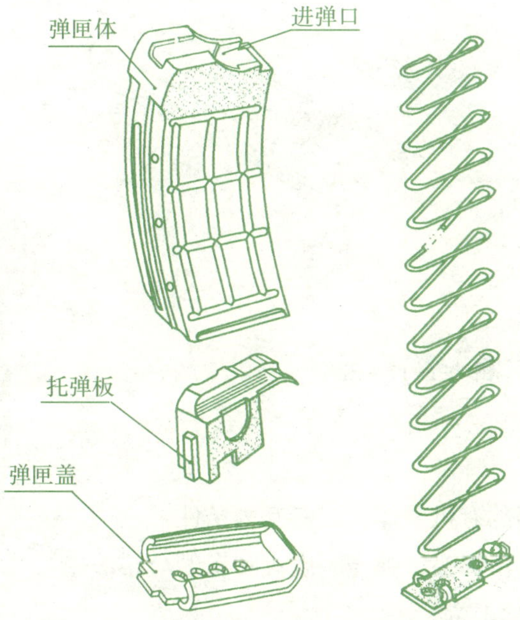

☆ 图 7-1-16 弹匣

弹匣由弹匣体、托弹钣、托弹簧、卡钣、弹匣盖组成。

弹匣体的后端有三个观察孔，分别对正第 10 发、20 发和 30 发子弹的底缘，用以观察子弹的余量。

（十二）附件

附件（图 7-1-17）用以分解结合、擦拭上油、携带和排除故障。

附件有附件筒和油壳、背带、弹匣袋。附件筒内备有通条把、通条接杆、通条接头、油毛刷、冲子、准星扳手、铰刀、活动接杆。使用时，将通条把、通条接杆、活动接杆与通条接头或油毛刷拧结在一起，供清除枪管内膛脏物及涂油；冲子供拆卸击针销、拉壳钩轴和充当力臂拧紧、拧松通条各连接件使用；准星扳手供校枪时调节准星高低使用；铰刀供清除枪管导气孔的火药残渣使用。

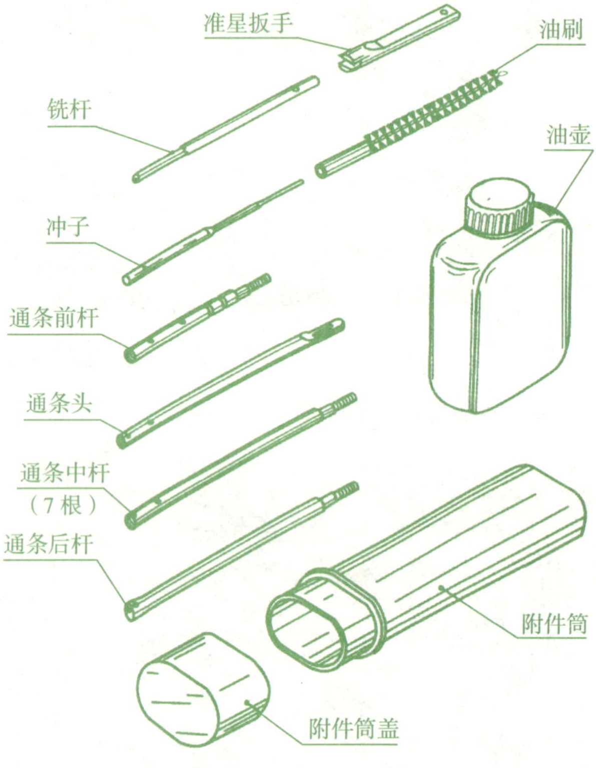

☆ 图 7-1-17　附件

二、子弹

枪与子弹是不可分离的有机整体，二者互为条件才能发挥作用。子弹主要由弹头、弹壳、底火和发射药四部分组成（图 7-1-18）。

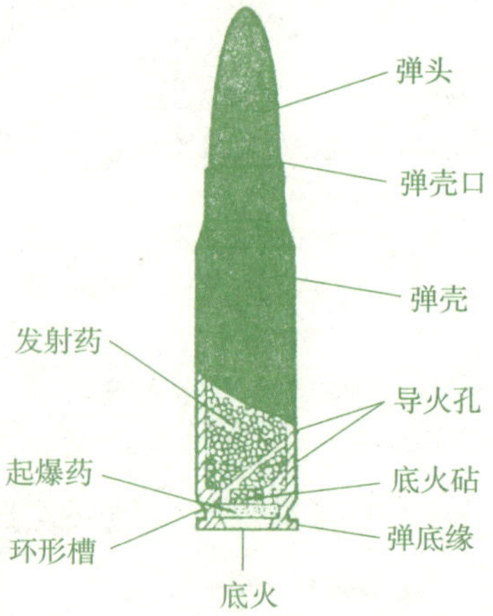

☆ 图 7-1-18　子弹

弹头，用以杀伤敌人的有生力量；弹壳，用以容纳发射药，安装弹头和底火；发射药，用以燃烧后产生火药气体，推送弹头前进。

子弹的种类比较多，常用的有：普通弹、曳光弹、燃烧弹和穿甲燃烧弹等。普通弹主要用以杀伤敌人的有生力量；曳光弹主要用以试射、指示目标及做信号用，曳光距离可达 800 米，命中干草能起火。

燃烧弹主要用以引燃易燃物体；穿甲燃烧弹主要用以射击飞机和轻装甲目标，并能穿透装甲后引燃汽油；

除此之外，还有空包弹、教练弹、空炸弹等训练用的辅助弹。

第二节　简易射击学理

一、发射

火药气体压力将弹头从膛内推送出去的现象，叫作发射。

发射的过程：扣动枪的扳机，击针撞击子弹底火，使起爆药发火，火焰通过导火孔引燃发射药，产生大量的火药气体，在膛内形成很大的压力，迫使弹头脱离弹壳，沿膛线旋转加速前进，直至推出枪口。

二、后坐

发射时，武器向后运动的现象，叫作后坐。

后坐对连发射击的命中有一定的影响。因为连发射击时，第一发子弹发射后，由于枪的明显后坐改变了原来的瞄准线，所以对第二发以后的射弹命中有一定的影响。但只要射手据枪要领正确，适应连发武器射击时的后坐规律，就能减小后坐对连发命中的影响，提高射击精度。

三、弹道

弹头运动中，其重心所经过的路线，叫作弹道。

弹头脱离枪口后，如果没有地心吸引力和空气阻力的作用，它将保持其所获得的速度，沿着发射线无止境地成匀速直线飞行。

实际上，弹头脱离枪口在空气中飞行时，同时受到地心吸力和空气阻力的作用，使弹道不能成为一条直线。弹头在空气中飞行时，一面受到地心吸力的作用，逐渐下降；一面受到空气阻力的作用，越飞越慢。因此，形成了一条不均等的弧线。升弧较长较直，降弧较短较弯曲。如图 7-2-1 所示。

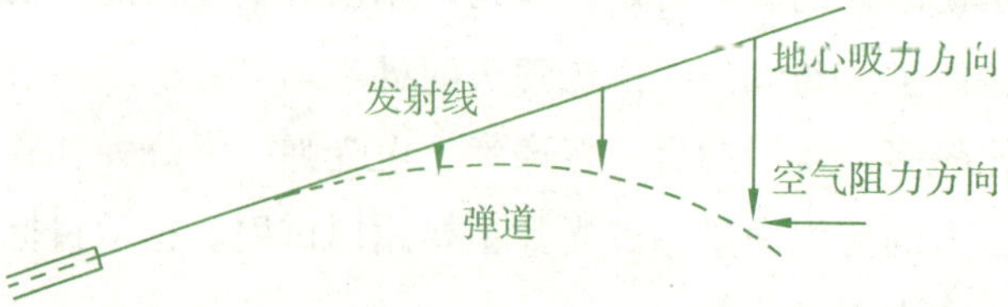

☆ 图 7-2-1　弹道

四、直射和直射距离

由于弹道是弧线，而瞄准线是直线，所以它们不在一条水平线上。瞄准线上的弹道高在整个表尺距离上不超过目标高的射击，叫作直射，这段表尺距离叫作直射距离（图 7-2-2）。直射距离的大小，决定于目标的高低和弹道的低伸程度。目标越高，弹道越低伸，直射距离就越大；目标越低，弹道越弯曲，直射距离就越小。

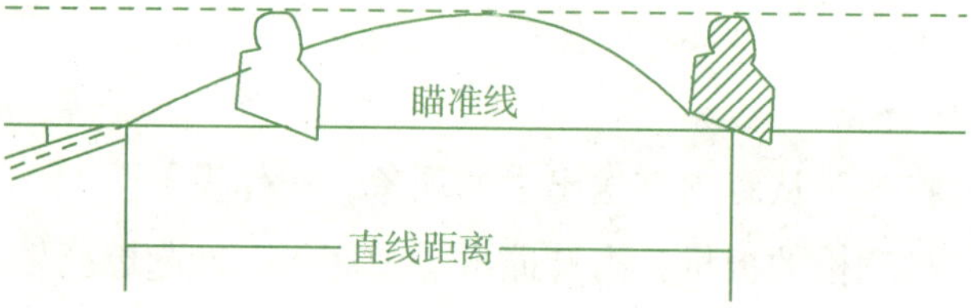

☆ 图 7-2-2　直射距离

五、选定表尺分划和瞄准点

弹道是弧线，而不是直线，如果用枪管直接瞄向目标射击，射弹就会打低、打近(图 7-2-3）。

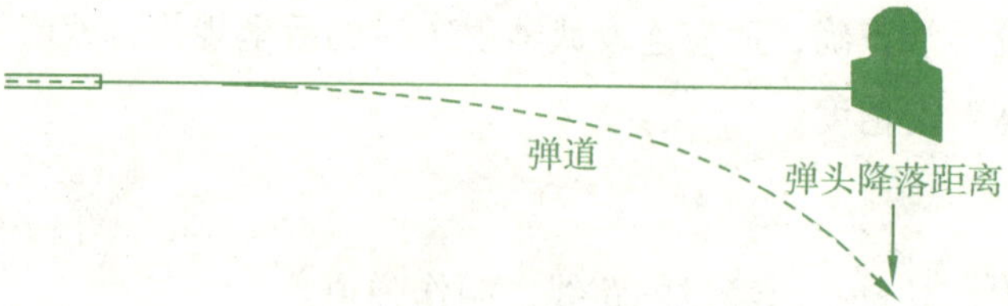

☆ 图 7-2-3　直瞄射击

为了命中目标，必须将枪口抬高，使枪身轴线和瞄准线之间形成一定的角度，即瞄准角（图 7-2-4）。

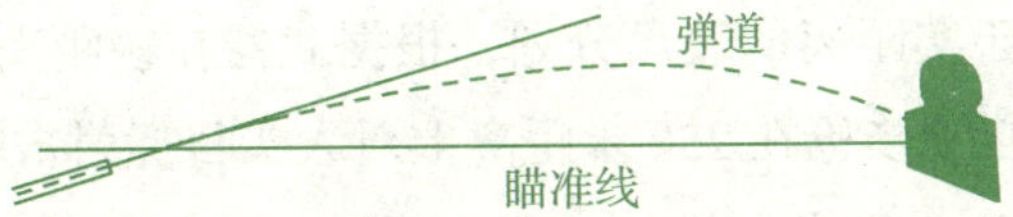

☆ 图 7-2-4　瞄准角

瞄准角的大小是根据射弹在不同距离上的降落量来确定的，距离越远，降落量越大，所需要的瞄准角就越大；距离越近，降落量越小，其瞄准角也就越小。瞄准具就是根据上述原理设计成的。各个距离上枪口抬高多少，在表尺上刻有相应的分划，只要按照目标的距离装（选）表尺分划瞄准射击，就能命中目标。

那么，如何选定表尺分划和瞄准点呢？

（一）定实距离表尺分划，瞄目标中央

这是最基本的选定方法。当目标距离为百米整数时，可根据目标的距离装定相应的表尺分划，瞄准点选在目标中央。如自动步枪对 100 米距离人胸目标射击时，定表尺“1”，瞄准目标中央射击，即可命中目标中央（图 7-2-5）。

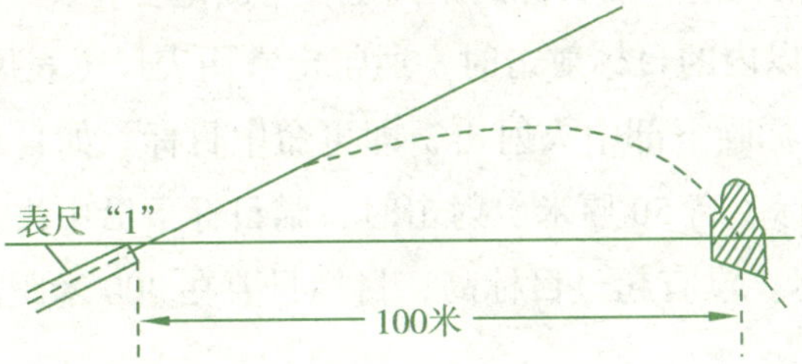

☆ 图 7-2-5　定实距（100 米）表尺分划“1”，瞄中央

（二）定大于或小于实距离表尺分划，适当降低或提高瞄准点

在实际射击和训练中，特别是在实战中，很难遇到百米整数的目标。当目标距离不是百米整数时，通常选定大于实距离表尺分划，根据武器在该距离上的弹道高，相应降低瞄准点射击。如自动步枪在 250 米距离上对人胸目标射击时，定表尺“3”，在 250 米处的弹道高为 21 厘米，这时，瞄准目标下沿中央射击，即可命中目标（图 7-2-6）。

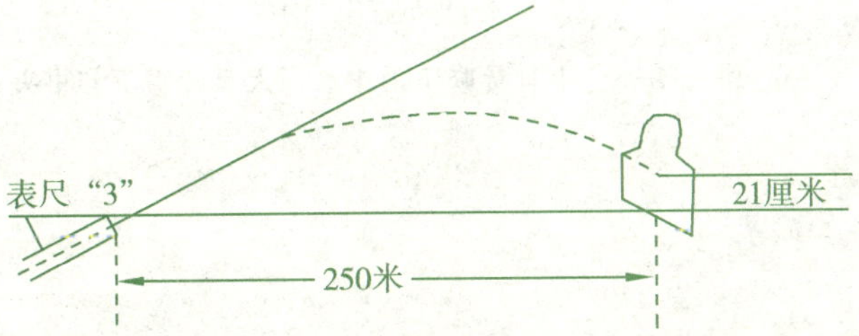

☆ 图 7-2-6　250 米距离定表尺“3”，瞄下沿

有时也可选定小于实距离的表尺分划，根据武器在该距离上的负弹道高，相应提高瞄准点射击。如自动步枪在250米距离上对人头目标射击时，定表尺“2”，在250米处的弹道高为负18厘米。此时，瞄准目标头顶中央射击，即可命中目标（图7–2–7）。

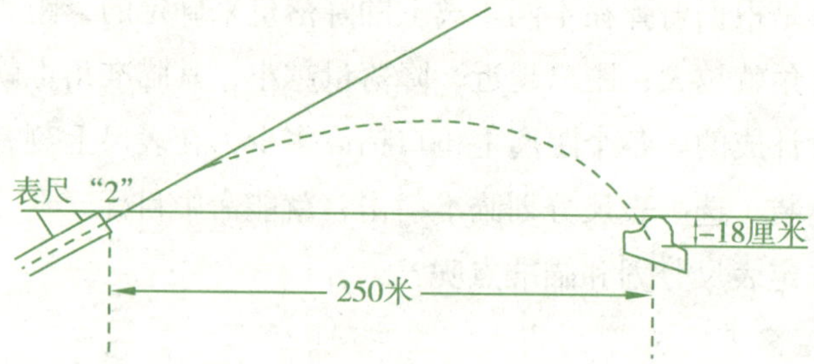

☆ 图7–2–7　250米距离定表尺“2”，瞄中央

（三）定常用表尺分划，小目标瞄下沿中央，大目标瞄下部中央

战斗中，由于时间紧迫，而目标的距离也在不断地变化，有时来不及选定表尺。因此，对300米距离以内的目标射击时，通常定常用表尺（表尺“3”）分划，小目标瞄下沿中央，大目标瞄下部中央射击，即可命中目标。如自动步枪定常用表尺对300米以内的人胸目标（高50厘米）射击时，瞄目标下沿中央，则整个瞄准线上的最大弹道高为35厘米，没有超过目标高，目标只要在300米距离内，都会被射弹杀伤（图7–2–8）。

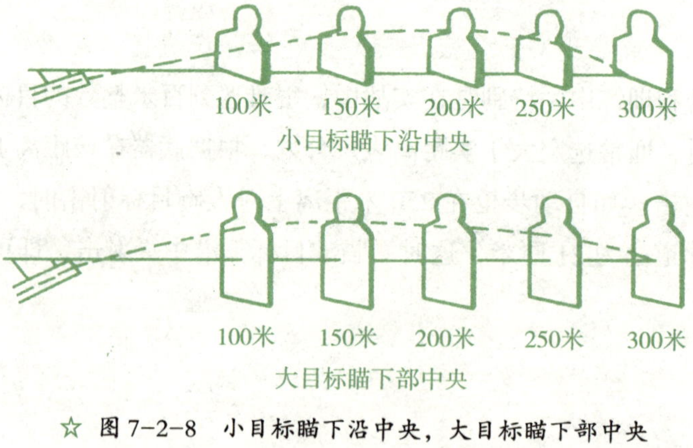

☆ 图7–2–8　小目标瞄下沿中央，大目标瞄下部中央

第三节　验枪

验枪是一项保证安全的重要措施。使用武器前后及必要时，均应验枪，认真检查弹膛、弹匣和教练弹中有无实弹。验枪时，严禁枪口对人。

动作要领：听到“验枪”的口令后，以右脚掌为轴，身体半面向右转，左脚顺势向前迈出一步（两脚约与肩同宽），同时右手放开枪背带，枪自然下落，移握大握把，将枪向前送出，左手接握下护盖，枪托夹于右肋与右大臂之间，枪口约与肩同高。左手大拇指按压快慢机柄打开保险，移握弹匣，大拇指按压弹匣卡笋，卸下弹匣，弹匣口向上交给右手握于大握把左侧，左手食指或中指向前扣住机柄。如图 7-3-1 所示。

☆ 图 7-3-1　验枪

当指挥员检查时，拉枪机向后，验过后，自行送回枪机，装上弹匣，扣扳机，关保险，左手移握下护盖。

听到“验枪完毕”的口令后，左手反握护盖，右手移握右肩前背带，身体半面向左转，在右脚靠拢左脚的同时，两手协力恢复肩枪姿势。

第四节　对不动目标射击要领

顾名思义，不动目标就是指静止不动的目标，通常指敌地堡、警戒哨、油料库、停留的车辆、零星人员等，对不动目标射击通常是各种轻武器的基础练习，是为了使射手掌握最基本的射击动作和技能技巧，为其他练习打下良好的基础。

对不动目标射击的特点：目标位置不变，目标的大小、方向、高低不变；射击距离不变，表尺、瞄准点和瞄准境况不变；目标出现固定，暴露时间长、容易发现，射击时间充裕；精度射击的特点。

对不动目标射击，射手首先应选择好射击位置，迅速做好射击准备，为了获得更好的射击效果，应力求利用地物和构筑依托物实施射击。一般采取卧姿有依托据枪，正确一致地瞄准，均匀地击发。

一、据枪

卧姿有依托据枪时，下护木（盖）放在依托物上，身体右侧与枪身略成一线。左手握弹匣或下护木（95 式自动步枪握小握把或掌心向后，虎口向上托握枪托的弧形部），左肘着地外撑。右手虎口向前紧握握把，食指第一节靠在扳机上，右大臂略成垂直，右肘着地外撑（肘皮控制在内前侧），两肘保持稳固。胸部挺起，身体稍前跟（右肘不离地），上体自然下塌，两手用力保持不变，使枪托确实抵于肩窝。头稍前倾，自然贴腮。如图 7-4-1 所示。

☆ 图 7-4-1　卧姿有依托据枪

二、瞄准

（一）用瞄准具瞄准

右眼通视觇孔（缺口）和准星，使准星尖位于觇孔中央或位于缺口中央并与上沿平齐（图 7-4-2），指向瞄准点，就是正确瞄准。

准星与觇孔的位置关系　　准星与缺口的平正关系

☆ 图 7-4-2　准星与觇孔（缺口）的正确关系

瞄准时，应集中主要精力于准星与觇孔（缺口）的位置（平正）关系上，如果集中主要精力于准星与目标上，就会忽略准星与觇孔（缺口）的位置（平正）关系，造成瞄准误差。正确瞄准景况应是准星与觇孔（缺口）的位置（平正）关系看得清楚而目标较模糊。如图 7-4-3 所示。

（二）用白光瞄准镜瞄准

首先选定相应的距离及方向分划，右眼距目镜约 4.5 厘米，保持镜内分划成水平，然后用相应的距离分划标记对准目标，就是正确的瞄准。如图 7-4-4 所示。

首先使瞄准线自然指向目标。若未指向目标，不可迁就而强扭枪身，必须调整姿势。需要修正方向时，可左右移动身体或两肘。需要修正高低时，可前后移动整个身体或两肘里合、外张（连发射击时，右肘不宜外张），也可适当调整依托物的高低。

准星与觇孔正确的瞄准景况

准星与缺口正确的瞄准景况

☆ 图 7-4-3　正确的瞄准景况

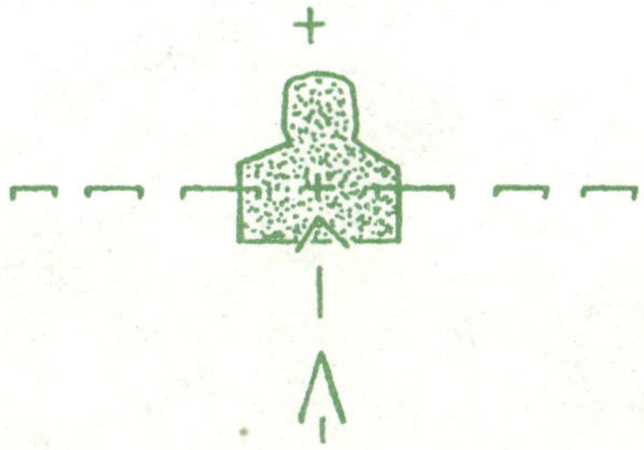

☆ 图 7-4-4　白光瞄准镜（100 米）正确的瞄准景况

三、击发

用右手食指第一节均匀正直地向后扣压扳机（食指内侧与枪应有不大的空隙），余指力量不变。当瞄准线接近瞄准点时，开始预压扳机，并减缓呼吸。当瞄准线指向瞄准点时，应停止呼吸，继续增加对扳机的压力，直至击发。击发瞬间应保持正确一致的瞄准。若瞄准线偏离瞄准点或不能继续停止呼吸时，应既不增加也不放松对扳机的压力，待修正或换气后，再继续扣压扳机。

操纵点射时，应稳扣快松，扣到底松开为 2~3 发，在扣扳机的过程中，应始终保持姿势稳固，据枪力量不变，以提高连发射击命中精度。

复习思考题

1. 简述 95 式 5.8 毫米自动步枪各部机件的名称和用途。
2. 简述轻武器射击时的后坐过程。
3. 验枪的动作要领是什么?
4. 谈谈你对不动目标射击的体会。

第八章　单兵战术

教学要求

了解战斗中可利用地形、地物的种类，掌握卧倒、起立和侧身、低姿和高姿三种匍匐前进的动作要领。

单兵战术是单个士兵遂行战斗任务的基本技能。士兵只有熟练掌握单兵战术基础动作，才能在战斗中根据战场情况随机应变，有效地发扬火力消灭敌人或躲避敌火力杀伤。

第一节　卧倒、起立

一、单手持枪卧倒、起立

卧倒时，右手提枪并握背带，左脚（也可右脚）向前迈出一大步，左腿弯曲，上体前倾，两眼注视前方，左手顺左脚方向伸出，掌心向下，手指并拢稍向右，按左手、左膝、左肘的顺序着地，迅速卧倒。卧倒后，右手将枪向目标方向送出，左手接握下护盖，右手移握握把，全身伏地，据枪射击。安装瞄准镜时，不采取单手持枪卧倒的方法。

起立时，右手移握提把，收枪的同时屈左腿于右腿下，收回左小臂，尔后用左臂和两腿的撑力撑起身体，右脚向前一大步，左脚再向前大半步，右脚靠拢左脚的同时成单手持枪立正姿势。

二、双手持枪卧倒、起立

双手持 95 式自动步枪卧倒、起立时，可按照双手持 81 式自动步枪卧倒、起立的要领进行（图 8-1-1），也可按以下方法进行。

卧倒时，左脚（也可右脚）向前迈出一大步，左腿弯曲，上体前倾，两眼注视前方，右手握握把，左手松开下护盖顺左脚方向伸出，按左手、左膝、左肘的顺序着地，迅速卧倒。卧倒后，右手将枪向目标方向送出，左手接握下护盖，全身伏地，据枪射击。

起立时，右手握握把把枪收回的同时，屈左腿于右腿下，收回左小臂，尔后用左臂和两腿的撑力撑起身体，右脚向前一大步，左脚再向前大半步，右脚靠拢左脚的同时，左手接握下护盖，成双手持枪立正姿势。

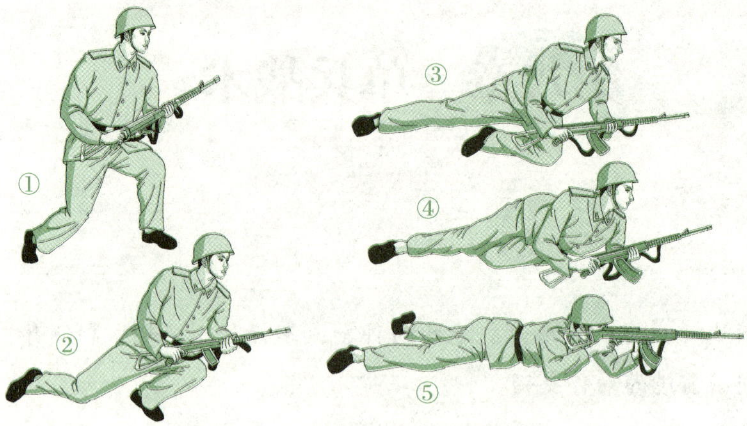

☆ 图 8-1-1　双手持枪卧倒

第二节　匍匐前进

在敌火力威胁较大，自身处于卧倒状态下，如发现近处（10 米以内）有地形和遮蔽物可利用时，可采用匍匐前进的运动姿势向其靠近。根据地形和遮蔽物的高低，匍匐前进又分为低姿匍匐、侧身匍匐和高姿匍匐三种姿势。

一、低姿匍匐

低姿匍匐是身体平趴于地面并降低至最低程度的运动方式，一般是在前方遮蔽物高约 40 厘米时采用。

口令：“向 × × 处——低姿匍匐前进——”

要领：腹部贴于地面，屈回右腿，伸出左手，用右脚内侧的蹬力和左手的扒力使身体前移，在移动的同时，屈回左腿，伸出右手，用左脚内侧的蹬力和右手的扒力使身体继续前移，依次交替前进（图 8-2-1）。

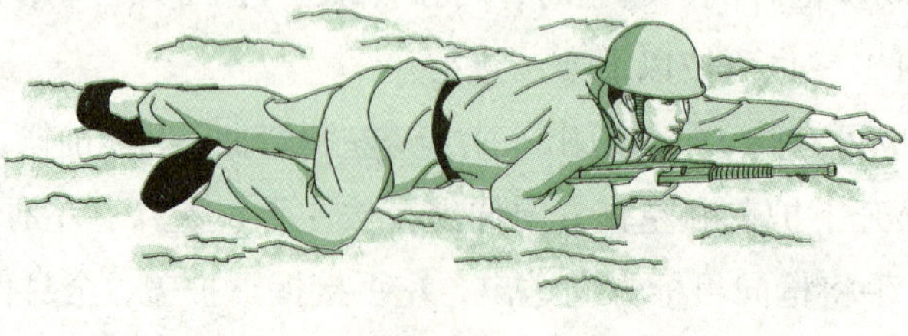
☆ 图 8-2-1　低姿匍匐

低姿匍匐前进时的携枪方法：

携 95 式自动步枪的方法有两种：一种是右手握握把和背带，使枪面向右将枪置于右小臂内侧；另一种是左手握护盖，右手握枪颈，将枪横托于胸前，枪口离地。

携机枪时，通常右手握握把，推枪前进，也可由正副射手协同推、拉枪前进。

徒手的低姿匍匐动作与持枪的动作基本相同。

行进时，身体紧贴地面，头稍微抬起，屈回右腿，伸出左手，用右脚的蹬力和左手的扒力使身体前移；然后再屈回左腿，伸出右手，用左脚的蹬力和右手的扒力使身体继续前移。依次交替前进，前进速度不小于每秒 0.8 米。

徒手低姿匍匐动作与持枪低姿匍匐大体相同。

注意：一是前进时，腹部尽量贴紧地面，保持较低的运动姿势；二是臀部不要过高，不要左右扭动；三是两眼目视前方，保持行进方向。

二、侧身匍匐

侧身匍匐分为侧身匍匐和高姿侧身匍匐两种姿势。

（一）侧身匍匐

侧身匍匐是在前方的遮蔽物高约 60 厘米时所采用的运动方式，其特点是运动的速度稍快，但姿势偏高。

口令：“向 ×× 处——侧身匍匐前进——”

要领：运动时，右手前伸移握护木（95 式自动步枪握提把或握把）将枪收回，同时侧身，使身体左大腿外侧着地，左小臂前伸着地，左大臂支撑身体，左腿弯曲，右脚收回靠近臀部着地，以左小臂的扒力和右脚的蹬力使身体前移（图 8-2-2）。

☆ 图 8-2-2　侧身匍匐

（二）高姿侧身匍匐

高姿侧身匍匐是在前方遮蔽物高约 80~100 厘米时可采取的运动姿势，其特点是运动的速度较快，但姿势较高。

要领：左手、左膝和左小腿外侧着地，以左手的支撑力和右脚的蹬力使身体前移（图 8-2-3）。前进速度不小于每秒 1.2 米。

徒手侧身匍匐动作与持枪侧身匍匐大体相同。

☆ 图 8-2-3　高姿侧身匍匐

注意：一是右脚回收要尽量靠近臀部，蹬地时向右下方用力，防止打滑；二是左臂扒地与右脚蹬地要相互协调；三是前进中两眼目视前方，保持行进方向。

三、高姿匍匐

高姿匍匐（图 8-2-4）一般是在前方的遮蔽物高约 80 厘米时采用，其特点是运动的速度稍快，但姿势偏高。

口令："向 × × 处——高姿匍匐前进——"

要领：持枪前进时，左手握护木，右手握枪颈，将枪横托于胸前，枪口离地，用两肘和两膝支撑身体；然后，依次前移左肘和右膝、右肘和左膝。如此交替前移，前进速度不小于每秒 1 米。有时，也可采取低姿匍匐的携枪方法。

徒手的高姿匍匐动作与持枪高姿匍匐基本相同。

☆ 图 8-2-4　高姿匍匐

注意：一是前进中臀部不得高于头部；二是运动时腿臂动作要协调一致。

无论采取哪种匍匐姿势，运动到预定位置或适当位置，都应迅速卧倒隐蔽，视情况出枪射击。

第三节　战斗运动

战斗运动是士兵在战场上运动的基本方法，分为屈身前进、匍匐前进和滚进。

一、屈身前进

屈身前进是军人在战场上接敌时最常用的一种运动动作，可以分为屈身慢进和屈身快进两种姿势。

口令："向××处——屈身前进——"

（一）屈身慢进

要领：屈身慢进通常是在距敌较远，有超过人身高或超过大部人身高的遮蔽物，以及敌情不明或敌火威胁不大的情况下采用。运动时，通常是双手持枪（筒、箭）或单手持枪（筒、箭），上体前倾，两腿弯曲，以降低身体重心。屈身程度视遮蔽物的遮蔽程度而定，头部一般不可高出遮蔽物。前进时，注意观察敌情，保持正常速度前进。如图 8-3-1 所示。

☆ 图 8-3-1　屈身慢进

（二）屈身快进

要领：屈身快进，也可称为跃进，通常是在距敌较近，迅速通过开阔地或敌火力控制区时采用的运动方法。跃进时要做到跃起快、前进快、卧倒快。跃进前，应先观察前方地形、敌情，选择好前进路线和暂停位置，尔后，迅速突然地前进。如卧姿跃起时，可先向左（右）移（滚）动，以迷惑敌人。自动步枪手和冲锋枪手应迅速收枪，同时屈左腿于右腿下，右手提枪，以左手、左膝、左脚的撑力将身体支起，同时出右脚前进，右脚向前一步，同时右手握护木（提提把）迅速前进。前进时，右手持枪，枪面向上倾斜 45 度（120 火箭和 40 火箭筒手右手提筒或右手握握把，用右臂夹住筒身，左手扶握筒口处，防止火箭弹滑出；火箭筒副射手背背具或右肩挎一侧的背具带，并将背具夹于右肋），目视前方，屈身快跑。火箭筒、机枪副射手通常在射手左侧 3~5 米处，与射手同时前进，跃进距离和速度应根据敌火力和地形而定。当敌火力越猛烈、地形越开阔时，跃进距离应越短，速度应越快。每次跃进的距离通常是 15~30 米。当进到暂停位置或遭敌火力猛烈射击时，应迅速隐蔽或卧倒，并准备射击。如图 8-3-2 所示。

二、滚进

滚进是为避开敌人观察、射击而左右移动或通过棱线时采用。

口令："向右（左）——滚进——"

要领：将枪关上保险，左手握枪表尺座上方，右手握枪颈附近或两手握护木，枪面向右，顺置于胸、腹前抱紧，两臂尽量向里合，两脚腕交叉或紧紧并拢，全身用力向前移动方向滚进。

☆ 图 8-3-2 屈身快进

运动中，也可在卧倒的同时向移动方向滚进。其要领：左（右）脚向前一大步，左手在左（右）脚前着地，身体尽量下塌，右手将枪挽于小臂内，枪面向右。身体右（左）侧，在右（左）肩、臂着地的同时，向右（左）滚进。滚进时，右（左）腿伸直，左（右）腿微屈，滚进距离长时，可两腿夹紧。

第四节 地形利用

地形是地貌和地物的总称。地貌是地面高低起伏的状态，如山地、平原、凹地等；地物是地面上的固定物体，如居民地、道路、土堆、江河、树木、线杆、桥梁、房屋等。

在利用地形时，应根据不同情况灵活地利用和善于改造，做到：便于观察、射击和隐蔽身体；便于接近与离开；便于防敌地面和空中火力杀伤；不妨碍班（组）长的指挥、邻兵的动作和火器射击；不要几个人拥挤在一起，以免增大伤亡；尽量避开独立、明显的物体和难于通行的地段。

一、利用土坎（田埂）

坎有纵向、横向和高低之分。横向坎要利用背敌面隐蔽身体，火箭筒（机枪）手通常将枪（筒）脚架支在背敌斜面上，筒口距地面不得小于 20 厘米；纵向坎要利用弯曲部、残缺部或顶端的一侧隐蔽身体，依其高度取适当姿势，往往以其上沿做射击依托。堤坎高于人体时，应挖踏脚孔或阶梯。根据坎的高度可取立、跪、卧等姿势。如图 8-4-1 所示。

接近坎时，通常应采用跃进的方法。当进至坎的最大遮蔽界后，迅速卧倒，再匍匐至坎的底部，视情况可左右移动，选择好利用的部位。占领时，应由下而上地占领，隐蔽地观察，需要射击时，应迅速出枪。占领后，应不断观察战场，选择好前进的路线和暂停位置。转移时，迅速收枪缩体，视情况可采取左右移动、扬土、施放烟幕等方法迷惑敌人，突然跃起前进。当敌火力被我压制时，可直接跃起前进。

☆ 图 8-4-1 利用土坎

二、利用土（弹）坑、沟渠

对于坑来说，通常利用其前切面隐蔽身体，利用其上沿作射击依托。对空射击时，以坑沿作依托或背靠坑壁进行射击。火箭筒手应利用坑的右前沿作依托，以防射击时喷火自伤。根据敌情和坑的深度、大小，以跳、跨、滚、匍匐等方法进入，取立、跪、卧等姿势射击。跳入通常是在进入较深的坑时采用，其要领是：右手持枪，左手撑住坑沿，顺势跳入坑内。跨入通常是在进入较浅的坑时采用，其要领是：接近坑沿时，左脚迅速跨入，顺势侧卧于坑内。滚入的要领是：卧倒后，迅速以滚进的方法进入。如果看不清坑的深浅时，应先滚到坑沿，观察后再进入。转移时，应根据坑的深浅，采取不同的方法，突然跃出前进。

三、利用土堆

土堆可分为单堆、双堆、群堆，它是战场上常见的一种地形。单堆通常利用其右侧，如视界、射界受限或右侧有敌火力威胁时，也可利用其左侧或顶端。双堆通常利用其鞍部。需要对空射击时，通常利用其后侧或顶端。如图 8-4-2 所示。

☆ 图 8-4-2 利用土堆

四、利用树木

利用树木可以有效地防止敌人直瞄和间瞄火力的杀伤。利用树木时，通常利用其背向敌人的一面右后侧，根据树干的粗细采取适当的姿势。树干较粗（直径 50 厘米以上）时，可采取卧、跪、立各种姿势；树干较细时，通常采取卧姿。如果采取立姿时，应尽量将身体左侧、左大臂（或左小臂）、左膝紧靠树木，右脚稍向后蹬。如图 8-4-3 所示；如果采取卧姿时，应将左小臂紧靠树木或以树的根部为依托，两脚自然并拢，身体尽量隐藏在树后侧。如图 8-4-4 所示。

☆ 图 8-4-3 利用树木立姿射击

☆ 图 8-4-4 利用树木卧姿射击

五、利用高苗地、丛林地

利用高苗、丛林地时，应尽量利用靠近敌方的边缘内侧，按其高低、稠密情况采取适当的姿势。接近时，右手持枪，注意观察，保持前进的方向，利用空隙，左手轻轻地拨开高苗或利用风吹草动的机会迅速占领利用。

六、利用建筑物

利用坚固的建筑物能够防护敌人火力的打击。充分利用墙根、墙角、门窗等部位，以及床、桌等物体，采取蹲、跪或卧倒等不同姿势，灵活进行运用。利用时，要尽可能避开易倒塌、易燃烧的建筑物，不要在独立明显的或敌人可能会重点攻击的建筑物内进行隐蔽防护，以免造成间接的损失伤害。如果发现敌人精确制导武器向利用的建筑物袭来时，应该迅速离开建筑物进行躲藏，并利用其他地形保护自己。在建筑物内需要向敌人射击时，应尽可能靠近门窗，采取适当姿势射击。如图 8-4-5、图 8-4-6 所示。

☆ 图 8-4-5　利用门跪姿射击

☆ 图 8-4-6　利用窗口跪姿射击

复习思考题

1. 简述卧倒的动作要领。
2. 地形、地物各指什么?
3. 战斗运动的内容是什么?
4. 谈谈你对单兵战术在未来战争中作用的认识。

第九章 体 能

教学要求

学会军体拳、蛇形跑等基本动作要领，增强身体灵活性、坚韧性和体能素质。

第一节 军体拳

军体拳是由拳打、脚踢、摔打、夺刀、夺枪等格斗动作组合而成的一种拳术。经常开展军体拳训练，对培养坚韧不拔、勇敢顽强的战斗作风具有重要意义。在未来战争中，我们面对的是穷凶极恶之敌，不是束手就毙的羔羊。在执行侦察、反潜、摸哨、伪装等特种任务，以及在保护人民合法利益免受侵犯的见义勇为的行动中，我们往往须徒手对敌。军体拳总共有三套，其中第一套总共有 16 个动作，主要是由格斗的基本功和基本动作组合而成的套路练习。它动作精练、实用，有一定的锻炼价值和防身自卫的作用。本书只对第一套军体拳进行介绍。

一、预备姿势

当听到“军体拳第一套，预备”的口令后，在立正的基础上，身体稍向左转，同时右脚后撤一步，两脚略成“八字形”，屈膝，体重大部落于右脚；两手握拳，前后拉开，曲肘，左拳略高于肩，拳眼向内向上，右拳置于小腹前约 10 厘米处，拳眼向上，自然挺胸收腹，目视前方。如图 9-1-1 所示。

☆ 图 9-1-1 预备姿势

二、第一段

（一）弓步冲拳

动作要领：右拳从腰间猛力向前旋转出直拳，拳心向下，同时右脚向右小滑步摆出，左拳收于腰际，成左弓步。如图 9-1-2 所示。

用途：击打面、胸、腰或腹部。

☆ 图 9-1-2 弓步冲拳

（二）穿喉弹踢

动作要领：左拳变掌向前上猛插，掌心向上，右拳收于腰间，同时抬右腿，大腿略平，屈膝，脚尖向下绷直，猛力向前弹踢，并迅速收回。如图 9-1-3 所示。

用途：掌穿喉，弹踢裆或小腹部。

☆ 图 9-1-3 穿喉弹踢

（三）马步横打

动作要领：右脚向前落地成右弓步，同时左手前伸变八字掌，右拳自然后摆［图 9-1-4 ①］；左转身成马步的同时，左手抓拉收于腰间，右拳向前猛力横击，臂微屈，拳与肩同高，拳心向下［图 9-1-4 ②］。

用途：击打头、肋、腰部。

① ②（背面） ②（正面）

☆ 图 9-1-4 马步横打

（四）内拨上勾

动作要领：右转身成右弓步，同时右臂内拨后摆，左拳后摆并向前上方猛击，拳与下颌同高，拳心向里，左脚自然向左移动。如图 9-1-5 所示。

用途：击打喉、下颌、腹、裆部。

☆ 图 9-1-5 内拨上勾

（五）交错侧踹

动作要领: 右转身，右脚尖外摆，左大腿抬平，屈膝、脚尖里勾，两臂在胸前交错[图 9-1-6 ①]；左脚向左侧猛踹，并迅速收回，同时两臂上下外格，屈右肘，拳与头同高，拳眼向后，左臂自然后摆，拳心向后［图 9-1-6 ②］。

① ②

☆ 图 9-1-6 交错侧踹

注意事项：侧踹时，身体微向右倾斜，右腿微屈，保持平衡，重心要稳。

用途：踹膝关节或肋部。

（六）外格横勾

动作要领：左脚向前落地，左转身成左弓步，同时左臂上挡、外格、后摆，右拳以扭腰送胯之合力由后向前猛击，拳与眼同高，拳心向下。如图 9-1-7 所示。

用途：击打头、面部。

☆ 图 9-1-7 外格横勾

（七）反击勾踢

动作要领：左脚尖外摆，起右脚，脚尖里勾，两手在胸前交错［图 9-1-8 ①］；右脚由后向左猛力勾踢，同时两臂猛力外格，左臂屈肘，拳与头同高，拳眼向后，右臂自然后摆，拳心向下［图 9-1-8 ②］。

注意事项：勾踢时，身体微向左倾斜，左膝微屈，重心要稳。

用途：勾踢脚跟或脚踝部，将对方摔倒。

①　　②

☆ 图 9-1-8 反击勾踢

（八）转身别臂

动作要领：右转身，右脚外摆并猛力下踏［图 9-1-9 ①］；左脚成左弓步的同时，右手由拳变掌屈肘向前上挑，掌心向下，左手抓握右小臂［图 9–1–9 ②］，两小臂略平置于腹前［图 9–1–9 ③］。

用途：别臂压肘。

① ② ③

☆ 图 9–1–9 转身别臂

三、第二段

（一）虚步砍肋

动作要领：收右脚成右虚步，同时两手变掌，由外稍向里猛砍，大臂夹紧，小臂略平，掌心向上，两掌距离约 20 厘米。如图 9–1–10 所示。

☆ 图 9–1–10 虚步砍肋

用途：砍肋和腰部。

（二）踢裆顶肘

动作要领：两掌变拳收于腰间，拳心向上，同时抬右腿、屈膝，脚尖向下绷直，猛力向前弹踢并迅速收回［图 9–1–11 ①］；右脚向前落地成右弓步，同时右臂屈肘，左手抓握右拳置于右胸前，两手合力将右肘向前推顶，右大臂略平、夹紧，拳心向下［图 9–1–11 ②、③］。

① ② ③

☆ 图 9–1–11 踢裆顶肘

用途：脚踢裆部和腹部，肘顶心窝和头部。

（三）反弹侧击

动作要领：右拳向前反弹，拳心向内上［图 9-1-12 ①］；收右脚成右虚步的同时，右拳收于腰间，左手变掌沿右小臂下向前猛挑成立掌［图 9-1-12 ②］；右脚向前滑动，左转身成马步的同时，左手抓拉变掌收抱于腰间，右拳向右侧冲击，拳眼向上，拳略与肩同高，目视右拳［图 9-1-12 ③］。

用途：反弹面部，左手挑掌解脱，右拳击肋或腹部。

☆ 图 9-1-12 反弹侧击

（四）弓步靠掌

动作要领：上体左移，体重大部分落于左腿，两拳变掌交叉于裆前，右脚微收成后虚步［图 9-1-13 ①］；右转身，起右脚猛力下踏的同时，起左脚自然屈膝，两掌上下反拨，放于右肋前［图 9-1-13 ②］；掌心向前，左脚向前落地成左弓步的同时，两掌合力向前推出，左手在上，右手在下，掌心向前，两手腕自然靠拢，目视前方［图 9-1-13 ③］。

用途：推胯、肋，将对方摔倒。

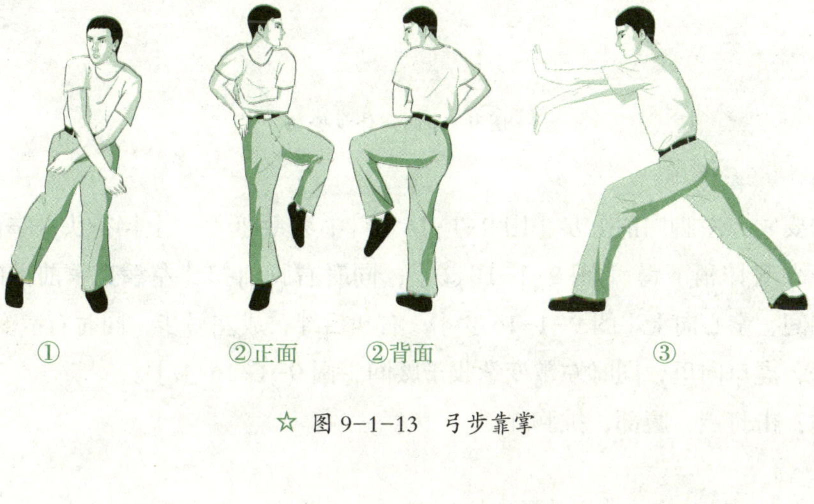

☆ 图 9-1-13 弓步靠掌

（五）上步砸肘

动作要领：右脚向前上步成右弓步的同时，右拳后摆，左手成抓拉姿势，虎口向右［图 9–1–14 ①］；左转身成左弓步的同时，左手抓拉收于腰间，挥动右臂屈肘向左下猛砸，大臂夹紧，小臂略平，拳心向上［图 9–1–14 ②］。

用途：砸、压肘关节。

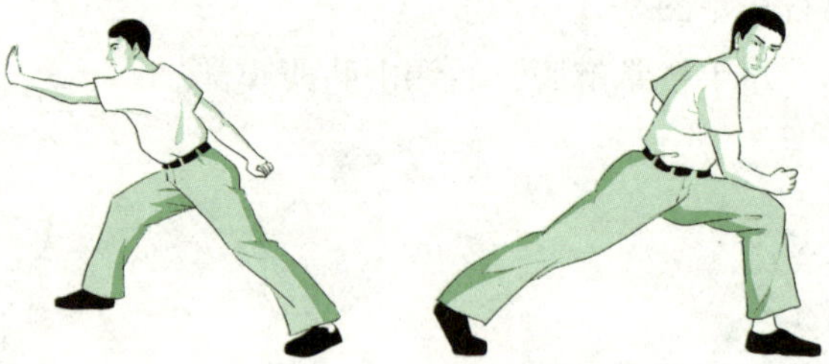

① ②

☆ 图 9–1–14 上步砸肘

（六）仆步撩裆

动作要领：屈左膝，右腿伸直，右拳变立掌置于左胸前，左拳抱于腰间，上体前倾成左仆步［图 9–1–15 ①］；右手变勾，经右脚面向后搂手外拨后摆［图 9–1–15 ②］；转身成右弓步，同时左手变掌由后向前猛撩，掌心向上，目视前方［图 9–1–15 ③］。

用途：勾手搂腿，撩掌打裆。

① ② ③

☆ 图 9–1–15 仆步撩裆

（七）挡击绊腿

动作要领：左脚向前上步［图 9–1–16 ①］；左手变拳，上挡护头，拳高于头，拳眼向下，身体稍下蹲 ［图 9–1–16 ②］；同时右脚前扫，左拳变掌前推的同时右拳收于腰间，拳心向上［图 9–1–16 ③］；右腿后绊，成左弓步，同时右拳变掌下按，掌心向下，虎口向里，同时左掌变拳收于腰间［图 9–1–16 ④］。

用途：击打裆、腹部，推胸绊腿。

①　②　③　④

☆ 图 9-1-16 挡击绊腿

（八）击腰锁喉

动作要领：右掌变拳，屈臂上挡外格［图 9-1-17①］；右脚向前上步，同时左拳向前猛力冲出，拳心向下［图 9-1-17②］；右拳变掌前插，左手抓握右手腕的同时，右掌变拳，两手合力回拉下压，右肩前顶，成右弓步，目视前下方［图 9-1-17③、④］。

用途：由后击腰锁喉。

①　②　③　④

☆ 图 9-1-17 击腰锁喉

全套动作结束姿势：

听到“停”的口令，左转身，右脚靠拢左脚，恢复成立正姿势（图 9-1-18）。

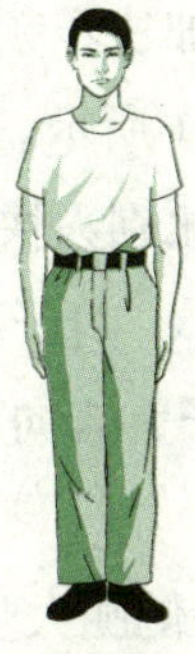

☆ 图 9-1-18 结束姿势

第二节 蛇形跑项目训练

蛇形跑，实质上就是发展速度与身体灵敏性的快速跑。这种曲线快速跑，不仅能提高爆发力和速度，而且能提高快速移动的能力。跑动时，必须不断克服向前跑的惯性，来改变身体姿势（腿后蹬及摆动腿的方向，摆臂姿势，身体内倾），沿着曲线跑进。因此，蛇形跑是一项不规则的曲线跑。

一、场地设置与器材

场地要求长 30 米，道宽 1.25 米，划两条间隔 30 米的平行线，作为起、终点线和折返线。在两条间隔 2.5 米跑道分道线上，直线相距 5 米处设置 1 根，共设 7 根立杆，立杆高度不低于 1.8 米。

二、动作要领及技巧

（一）起跑

听到“预备”的口令，站在起跑线上。要领：屈腿开立、重心降低、上体前倾、两臂呈摆臂姿势。

听到“跑”的口令，在预备姿势的基础上起跑。用力蹬地、迅速摆臂，快速起动。

蛇形跑的起跑与 100 米的起跑一样，都要压低身子，加速往前冲。重心压低，不要起来太快，这样才能保持更快的加速。

（二）绕杆

蛇形跑最主要的精髓就是绕杆，要求从外面绕过立杆，依次绕杆至最后。要领：缩小步幅、加快步频、外侧绕杆不触杆、转身加速奔下杆。如图 9-2-1 所示。

☆ 图 9-2-1　绕杆

只要绕杆快，你的速度一般就会比别人快。这里的诀窍就是腿的频率加快，但是步子要放小，身子要尽量侧着，有一种开车时急转弯的感觉。绕过杆之后腿频率不变，迈大步子，奔向下一根杆。

（三）过尾杆

过尾杆的要领分三步：第一步，外侧腿大步跨过尾杆，蹬地向内侧转身；第二步，转身同时内侧脚着地，作为中轴的脚持续旋转；第三步，完成转身后外侧脚着地，蹬地完成绕杆。如图 9-2-2 所示。

（四）最后冲刺

冲回来时，最后一根杆可以不用绕。这就意味着你绕完倒数第二根杆后可以直接开始直线冲刺。而这个冲刺你想要效果更好，那就得在倒数第三根杆时就开始准备，加快腿的频率，一绕过倒数第二根杆就开始猛摆手臂进行冲刺。如图 9-2-3 所示。

☆ 图 9-2-2 过尾杆

☆ 图 9-2-3 冲刺

第三节 力量项目训练

一、俯卧撑

作用：提高上肢伸肌和躯干肌肉力量，锻炼上肢的推撑力量和胸大肌力量。

动作要领：左（右）脚向前一大步，两手手指向前在左（右）脚两侧着地（两手距离约与肩同宽），左（右）脚后撤伸直，两脚并齐成俯撑，做两臂屈伸动作。屈臂时两肘里合，伸臂时两臂挺直，身体保持平直。

二、仰卧起坐

作用：提高腹肌力量，增强腰背部肌力和柔韧性。

动作要领：平仰卧于地面，腰部用力，含胸缩头，使上体抬起成屈体坐（腿与上体的夹角小于 90 度）。然后上体后倒还原成平仰卧姿势。依次反复动作。如图 9-3-1 所示。

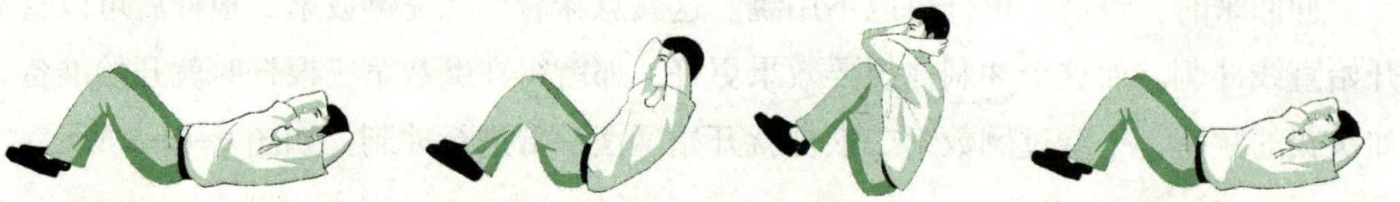

☆ 图 9-3-1　仰卧起坐

复习思考题

1. 简述军体拳第一套十六个动作的名称。
2. 蛇形跑项目训练的目的是什么？
3. 仰卧起坐的动作要领是什么？
4. 谈谈你对体能训练的认识。

第十章 战场医疗救护

教学要求

了解战场医疗救护的基本知识，学会意外伤自救、互救的主要方法。

第一节 战场医疗救护常识

战场救护包括自救和互救两个方面，是保存战斗力的重要工作。战场救护是战时参战人员负伤后的自我救护和互相救护活动。以往革命战争的经验证明，战时约有50%的伤员是群众自救互救的。迅速、准确的战场救护，对及时挽救伤员的生命，减少残废，恢复战斗力，巩固战斗意志和对伤员的进一步治疗、康复，都有十分重要的意义。现代战争，武器的杀伤力强，造成的伤员多，危害也大。第一次世界大战期间，在战场死亡的人数约1 000万人，受伤人员达2 000万人以上。第二次世界大战期间，各交战国因战争总共死亡约5 000万人，伤亡的数量远远超过了第一次世界大战。这充分说明，在现代战争武器越来越先进，杀伤力越来越大的情况下，大力开展群众性战地救护就显得更加重要。

战场救护主要包括：对伤员进行止血、包扎、固定、搬运、心肺复苏等。

第二节 止血、包扎、固定、搬运

一、创伤止血

（一）一般止血法

适用于小的创口出血。需用生理盐水冲洗消毒患部，然后覆盖多层消毒纱布用绷带加压包扎。

（二）指压止血法

指压止血法是指较大的动脉出血后，用拇指压住出血血管的上方（近心端），使血管被压闭住，中断血流。应注意此法只适用于头面颈部及四肢的动脉出血急救，同时注意压迫时间不能过长。

1. 头顶部出血

在伤侧耳前，下颌耳屏上前方 1.5 厘米处，用拇指压迫颞浅动脉。如图 10-2-1 所示。

2. 头颈部出血

四个手指并拢对准颈部胸锁乳突肌中段内侧，将颈总动脉压向颈椎。如图 10-2-2 所示。注意不能同时压迫两侧颈总动脉，以免造成脑缺血坏死。压迫时间也不能太久，以免造成危险。

3. 颜面部的出血

颌外动脉压迫止血法：用拇指或食指在下颌角前约半寸处，将动脉血管压于下颌骨上。如图 10-2-3 所示。

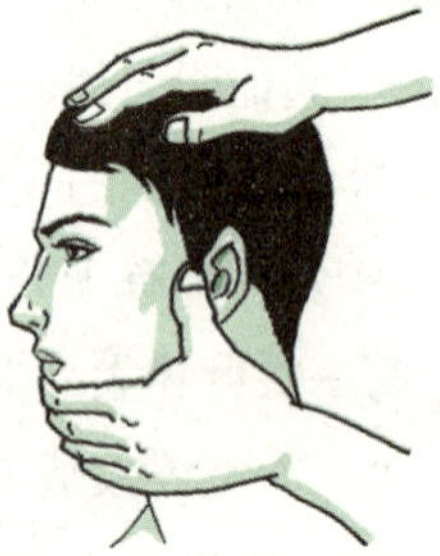

☆ 图 10-2-1　颞浅动脉指压法

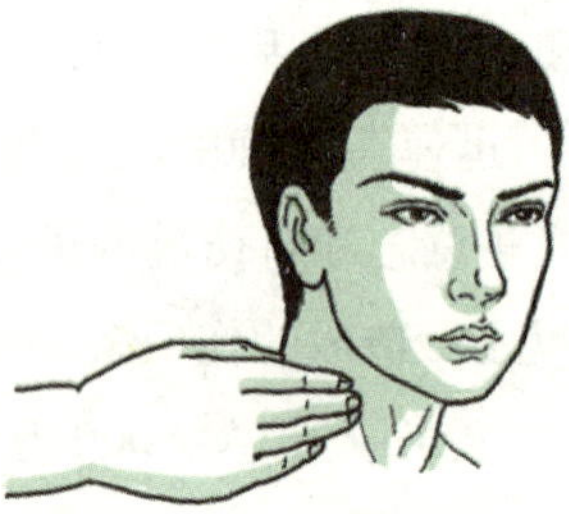

☆ 图 10-2-2　颈总动脉指压法

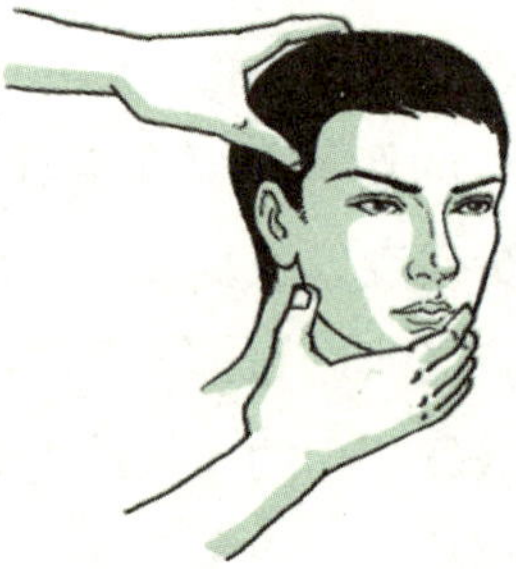

☆ 图 10-2-3　颌外动脉指压法

4. 腋窝和肩部出血

用拇指压迫同侧锁骨上窝中部的锁骨下动脉搏动点，用力方向向下、向后。如图 10-2-4 所示。

5. 上臂出血

一只手抬高患肢，另一只手四个手指对准上臂中段内侧压迫肱动脉。如图 10-2-5 所示。

6. 手掌出血

将患肢抬高，用两手拇指分别压迫手腕部的尺、桡动脉。如图 10-2-6 所示。

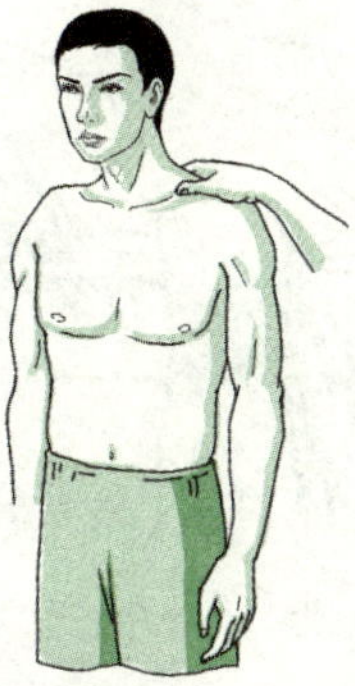

☆ 图 10-2-4 锁骨下动脉指压法

☆ 图 10-2-5 肱动脉指压法

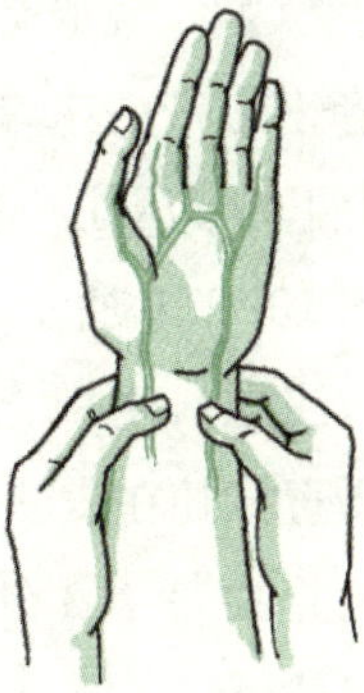

☆ 图 10-2-6 尺、桡动脉指压法

7. 手指出血

紧握拳头或捏指根两侧即可止血。

8. 大腿出血

在腹股沟正中稍下方，用双手拇指向后用力压迫股动脉。如图 10-2-7 所示。

9. 足部出血

用两手拇指或食指分别压迫足背中部近脚踝处的胫前动脉搏动点和内踝与跟腱之间的胫后动脉搏动点。如图 10-2-8 所示。

☆ 图 10-2-7 股动脉指压法

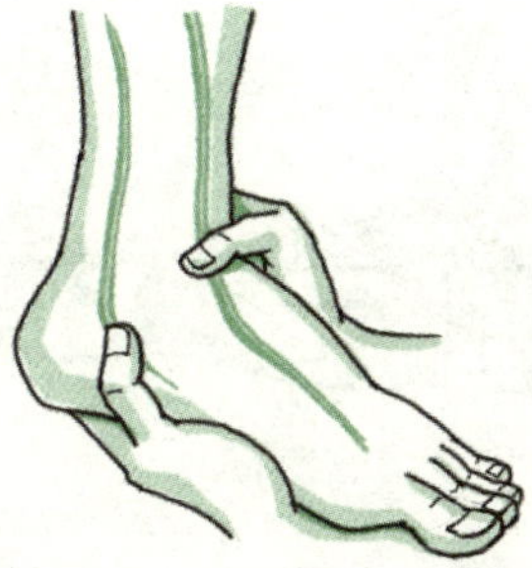

☆ 图 10-2-8 胫前、胫后动脉指压法

（三）屈肢加垫止血法

当前臂或小腿出血时，可在肘窝、腘窝内放以纱布垫、棉花团或毛巾、衣服等物品，屈曲关节，用三角巾作“8”字形固定。但对骨折或关节脱位者不适用。

（四）止血带止血

止血带止血法适用于损伤大血管的四肢严重创伤或肢体广泛软组织开放伤的伤者。常用的止血带是约三尺长的橡皮管。方法是：掌心向上，止血带一端由虎口拿住，一手拉紧，绕肢体 2 圈，中、食两指将止血带的末端夹住，顺着肢体用力下拉，压住“余头”，以免滑脱。如图 10-2-9 所示。

注意：使用止血带时要加垫，不要直接扎在皮肤上。每隔 45 分钟放松止血带 2~3 分钟，松时用指压法代替。

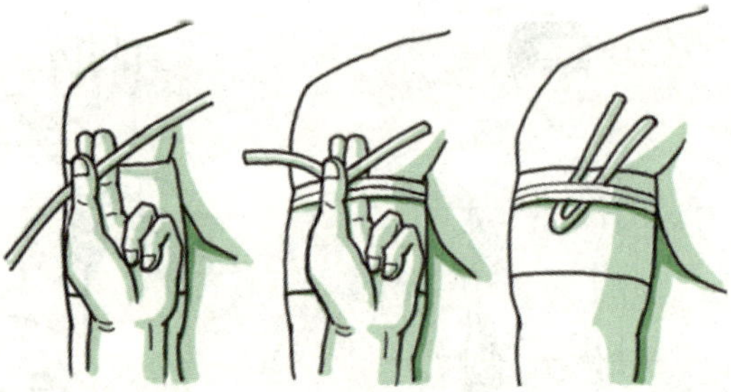

☆ 图 10-2-9　止血带止血法

（五）绞紧止血法

把三角巾折成带形，打一个活结，取一根小棒穿在带子外侧绞紧，将绞紧后的小棒插在活结小圈内固定。如图 10-2-10 所示。

（六）填塞止血法

一般适用于颈部较深大的伤口。将消毒的纱布、棉垫或急救包填塞、压迫在创口内，外用绷带、三角巾包扎，松紧以达到止血为宜。

注意：用无菌纱布填塞时，不要将伤口的皮肤、脏物一起塞进去，以免感染。因此法对伤员造成的痛苦较大不宜首选。

（七）充气止血带法

将血压计袖带平整地压在创口出血处上方，先绕肢体固定，然后缓慢充气，直至止血。如图 10-2-11 所示。

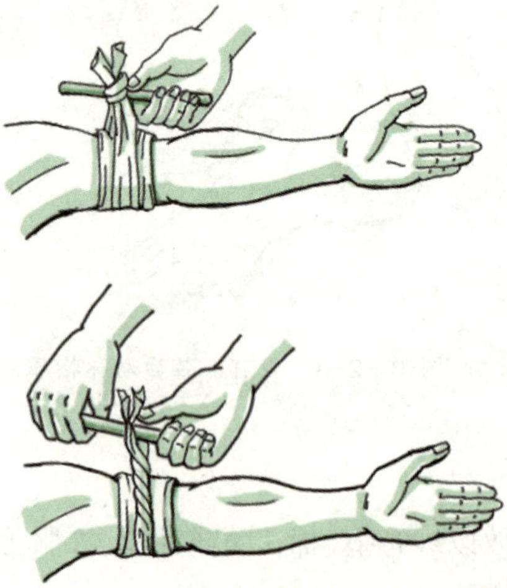

☆ 图 10-2-10　绞紧止血法

☆ 图 10-2-11　充气止血带法

使用止血带要注意以下几点：

（1）上止血带前先将受伤的肢体抬高 2 分钟，使静脉血液尽量回流。

（2）止血带应尽量放在出血创口近心端，并靠近出血创口处。

（3）上止血带的部位，先加衬毛巾、敷料等，以免止血带捆扎时损伤皮肤和软组织。

（4）使用止血带的时间原则上是越短越好，最长不宜超过 3 小时。通常每小时放松 1 次，每次 3~5 分钟。

（5）禁用电线、铁丝等金属丝做止血带，以免加重组织损伤。

（6）伤员应尽快送往医院并向接诊医生说明止血带的使用情况。

（八）止血的注意事项

一般小动脉和静脉出血可用加压包扎止血法。较大的动脉出血，应用止血带止血。在紧急情况下，须先用压迫法止血，然后再根据出血情况改用其他止血法。

二、创伤包扎

（一）常用包扎带

常用的包扎带是绷带、多头带和三角巾。

1. 绷带

绷带通常分为硬绷带和软绷带两大类。

（1）硬绷带。是在布制绷带上洒以石膏粉，干涸而成石膏绷带。

（2）软绷带。又分为多种，如粘膏（即橡皮膏）、卷轴绷带等。纱布卷带是用途最广，使用最方便的一种包扎材料。卷轴绷带根据卷轴形式又分为单头带和两头带，即一条绷带从两头卷起，也可以用两个单头带联结起来等。在急救中通常使用软绷带。

2. 多头带

多头带是一种宽度较大的带子，两端剪成四尾以上，包扎面积大，松紧适度。如胸带、腹带等。

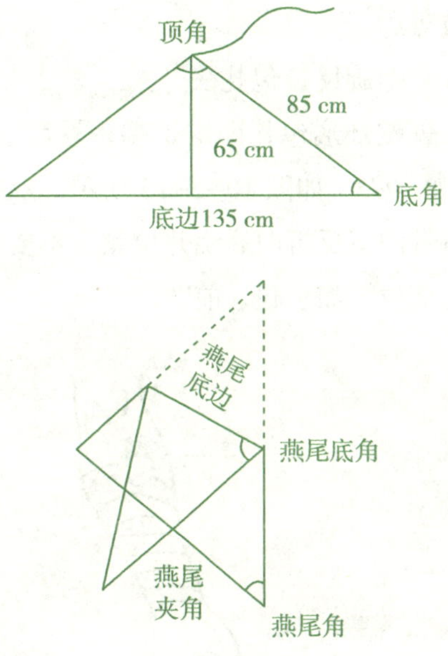

☆ 图 10–2–12　三角巾

3. 三角巾

底边是 135 厘米，斜边 85 厘米，顶角到底边的高度是 65 厘米，顶角带子长 45 厘米。三角巾也可以折叠成宽条带和窄条带。如图 10–2–12 所示。

（二）绷带包扎法

操作注意事项：急救人员必须面向伤员，取适宜位置；必须先在创面覆盖消毒纱布，然后使用绷带；包扎时左手拿绷带头，右手拿绷带卷，以绷带外面贴近局部；包扎时应由伤口低处向上，通常是由左向右，从下到上进行缠绕；包扎绷带不宜过紧，以免引起局部肿胀，也不宜太松，以免滑脱；为了保持肢体的功能位置，一般包扎手臂时要弯着绑，包扎腿部时，腿要直着绑。

1. 环形包扎法

环形包扎法是卷轴绷带包扎中最基本、最常用的方法。将绷带做环形的重叠缠绕，第一圈做环绕稍呈斜状，至第二、三圈做环形，将第一圈的斜出一角压于环形圈内，最后用胶带将绷带尾端固定或剪开带尾分成两头，打结固定。如图 10–2–13 所示。适用于肢体粗细相等的部位，如胸、四肢、颈等处。

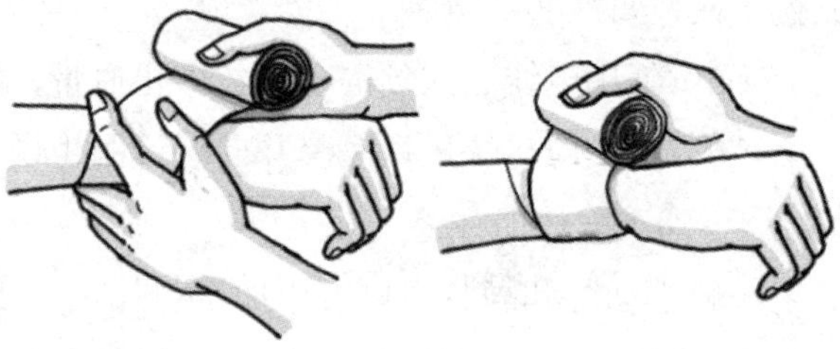

☆ 图 10–2–13　环形包扎法

2. 螺旋包扎法

包扎时先按环形包扎法缠绕数圈，然后作单纯的斜旋上升缠绕，每周压盖前周的 1/3~ 1/2。如图 10–2–14 所示。此法适宜于直径基本相同的部位，如上臂、手指、躯干、下肢等。

3. 螺旋反折包扎法

先按环形包扎固定始端，然后以螺旋的方式，每周反折一次，每周遮盖上一周的 1/3 ~1/2。如图 10–2–15 所示。反折时注意以左手拇指按住绷带上面的正中处，右手将带向下反折向后绕并拉紧。不要在伤口处或骨隆起处反折。此法用于直径大小不等的部位，如小腿、前臂。

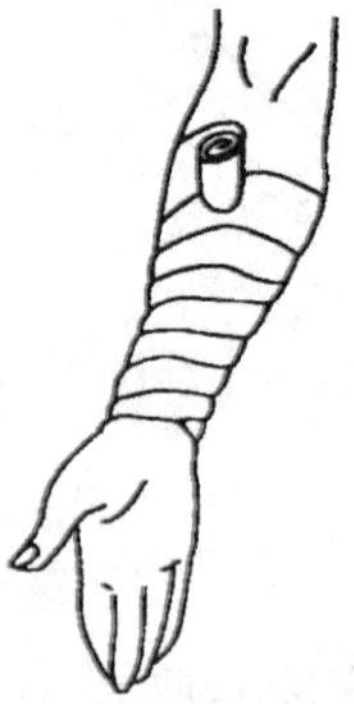

☆ 图 10–2–14　螺旋包扎法

☆ 图 10–2–15　螺旋反折包扎法

4.“8”字形包扎法

在关节弯曲的上下两端，先将绷带由下而上，再由上而下，作“8”字形来回缠绕，每周遮盖上周的1/2。如图10-2-16所示。此法多用于肘、膝、髋等关节处。

5. 回返包扎法

用绷带多次来回反折。第一圈常从中央开始，接着各圈一左一右，直至将伤口全部包住，最后环形将所反折的各端包扎固定。此法常需要一位助手在回反折时按压一下绷带的反折端，松紧要适度。如图10-2-17所示。此法多用于包扎顶端的部位，如指端、头部或截肢残端。

☆ 图10-2-16　“8”字形包扎法

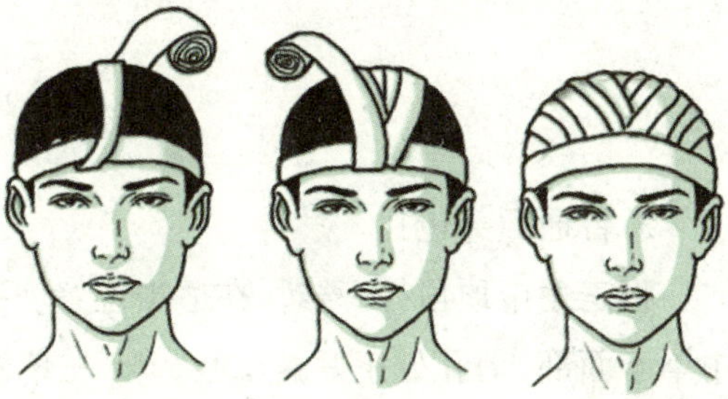

☆ 图10-2-17　回返包扎法

（三）三角巾包扎法

对较大创面、固定夹板、手臂悬吊等，需应用三角巾包扎法。

1. 普通头部包扎

先将三角巾底边折叠，把三角巾底边放于前额其余两角拉到脑后，相交后先打一半结，再绕至前额打结。如图10-2-18所示。

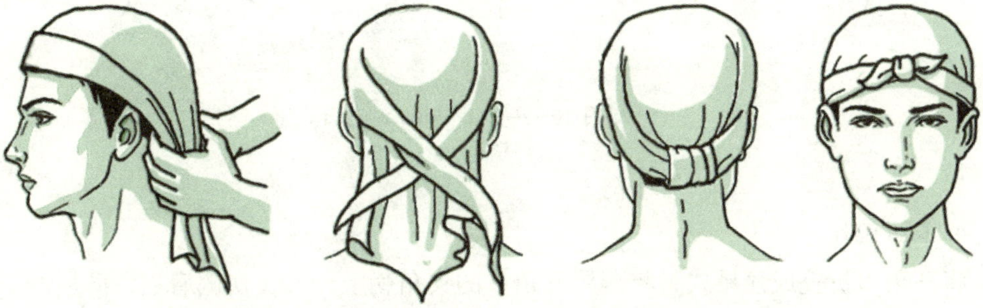

☆ 图10-2-18　普通头部包扎

2. 风帽式头部包扎

将三角巾顶角和底边中央各打一结成帽状。顶角放于额前，底边结放在后脑勺下方，包住头部，两角往面部拉紧，向外反折包住下颌。如图10-2-19所示。

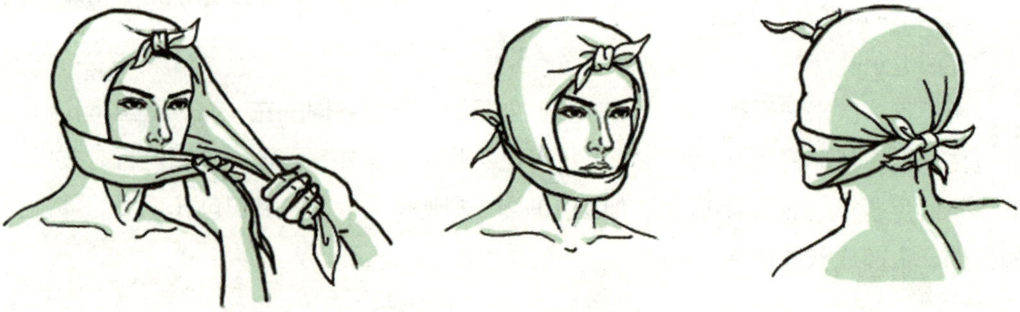

☆ 图 10-2-19　风帽式头部包扎

3. 普通面部包扎

将三角巾顶角打一结，在适当位置剪孔（眼、鼻处）。打结处放于头顶处，三角巾罩于面部，剪孔处正好露出眼、鼻。三角巾左右两角拉到颈后，然后再回到前面打结。如图 10-2-20 所示。

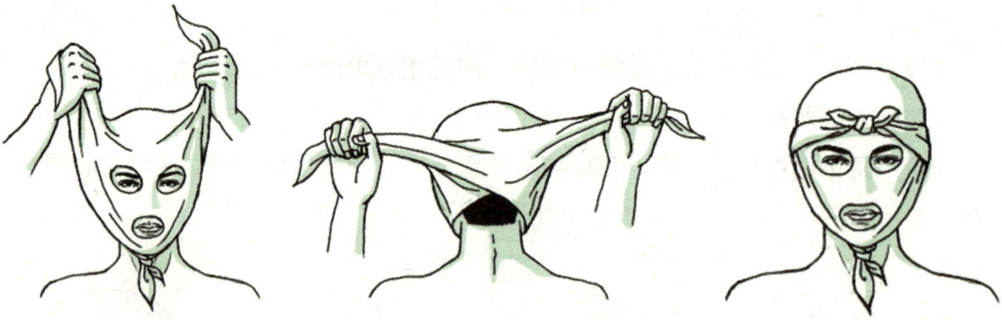

☆ 图 10-2-20　普通面部包扎

4. 单肩包扎

将三角巾折叠成燕尾式，将燕尾三角巾的夹角朝上，放在伤侧肩上，向后的一角压住并稍大于向前的一角。燕尾底部包绕上臂并在肩上打结，然后两燕尾角分别经胸、背拉到对侧腋下打结。如图 10-2-21 所示。

5. 普通胸部包扎

将三角巾顶角向上，贴于局部，如系左胸受伤，顶角放在右肩上，底边扯到背后在后面打结；再将左角拉到肩部与顶角打结。背部包扎与胸部包扎相同，只是位置相反，结打于胸部。如图 10-2-22 所示。

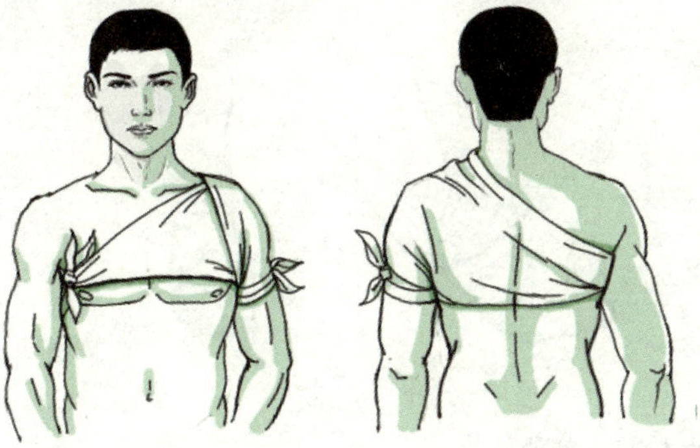

☆ 图 10-2-21　单肩包扎

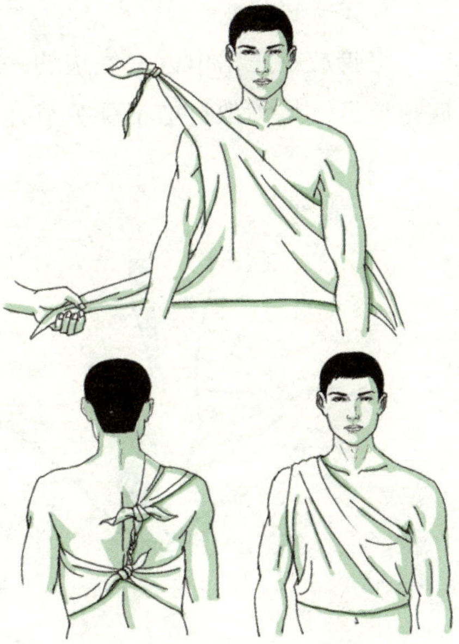

☆ 图 10-2-22　普通胸部包扎

6. 上肢包扎

将三角巾一底角打结后套在伤手上，另一底角从伤肩背后绕过拉到对侧肩的后上方，顶角朝上，由外向里依次包绕伤肢，然后，再将前臂屈到胸前，两底角相遇打结。如图 10-2-23 所示。

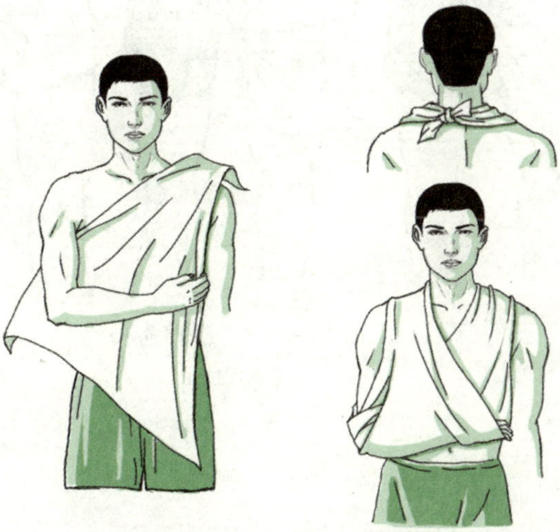

☆ 图 10-2-23　上肢包扎

7. 足部包扎

将脚放在三角巾近一底边的一侧，提起较长一侧的巾腰包裹小腿打结，再用另一底角包足，绕脚踝打结于踝关节处。如图 10-2-24 所示。

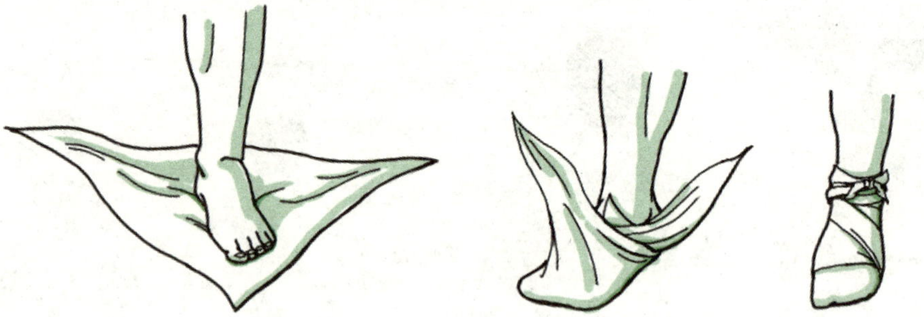

☆ 图 10-2-24　足部包扎

8. 臀部包扎

常用两条三角巾的顶角打结，套于会阴部包住臀部，两三角巾底边相互打结。如图 10-2-25 所示。

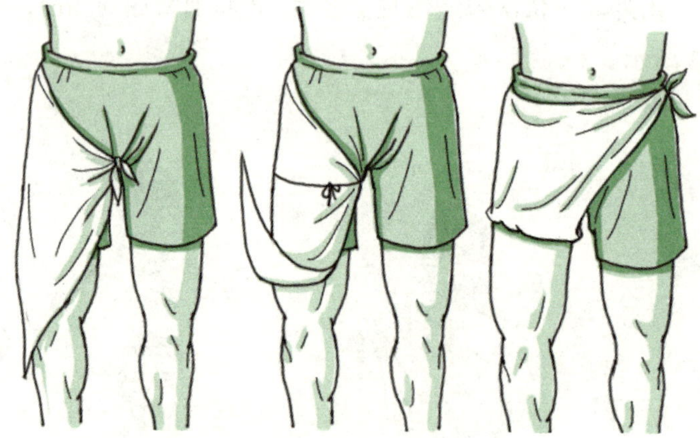

☆ 图 10-2-25　臀部包扎

三、骨折的固定

（一）上臂骨折固定法

在上臂外侧放一块木板，用两条布带分别固定骨折上下端，然后用三角巾或腰带将前臂吊于胸前。如图 10-2-26 所示。如无木板，用胶鞋代替也可；无材料时，可用背包带将上臂固定于本人胸部。

（二）前臂骨折固定法

用两块木板（或木棒、竹片等）分别放于手掌、背两侧（只有一块木板时，放于手背侧），用手帕或毛巾叠成带状绑扎固定，然后再用三角巾或腰带吊于胸前。如图 10-2-27 所示。

☆ 图 10-2-26　上臂骨折固定法

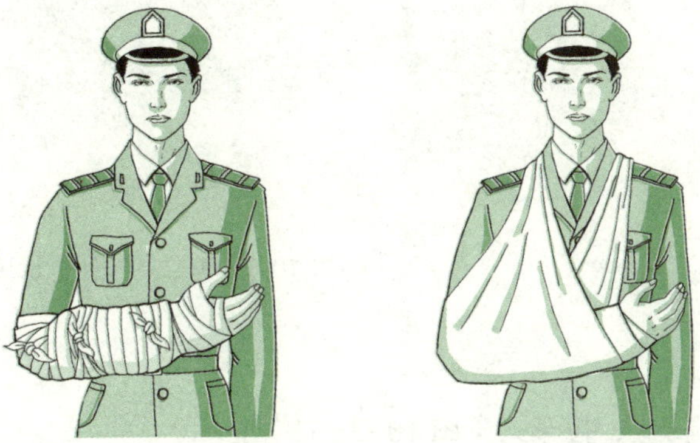

（1）　（2）

☆ 图 10-2-27　前臂骨折固定法

（三）大腿骨折固定法

将一块长度相当于伤员从腋下到脚跟的木板用布带分别固定于伤肢外侧。如图 10-2-28 所示。

（四）小腿骨折固定法

取长度超过上下两个关节的木板按大腿骨折固定法固定，如图 10-2-29 所示。

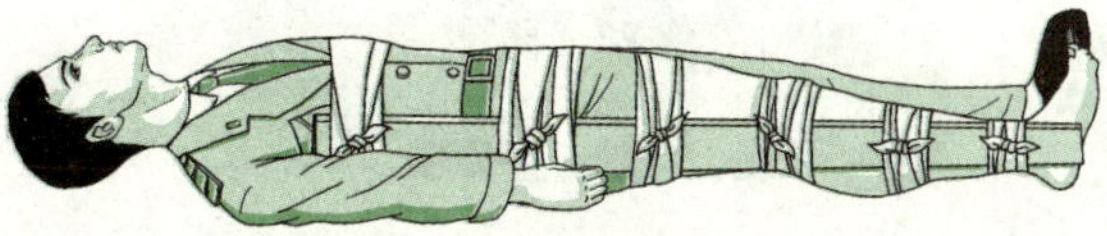

☆ 图 10-2-28　大腿骨折固定法

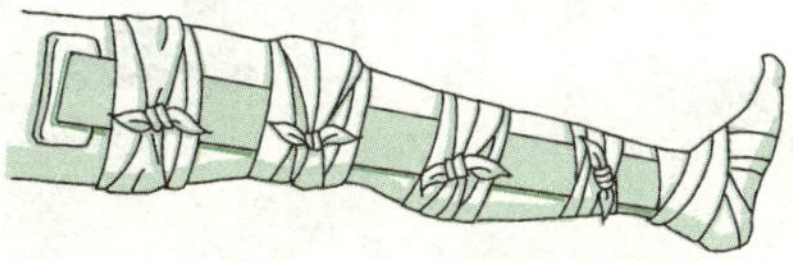

☆ 图 10-2-29　小腿骨折固定法

对骨折处进行固定时，应注意以下几点：伤口有出血时，应先止血、包扎，后固定；四肢骨折时，应由上而下固定，固定时要露出指（趾），以观察血液循环情况；固定材料不应直接接触皮肤，应垫以棉、布等物；离体断肢应包好随伤员一起后送，以便再植；固定松紧要适宜。

四、伤者的搬运

（一）单人徒手搬运法

背式、抱式（图 10-2-30）。

☆ 图 10-2-30　单人徒手搬运法

（二）双人徒手搬运法

椅式、拉车式（图 10-2-31）。

☆ 图 10-2-31　双人徒手搬运法

（三）脊椎骨折搬运法

脊椎骨折由于有损伤脊髓的可能性，所以在搬运的过程中要求是非常高的。一般来说，将患者平卧位，需要三到四个人同时搬动，站在患者的同侧，将双手分别托住脑部、腰部和下肢。然后同时用力抬起，使病人保持在一个平面，将患者平放于硬的木板或是门板上。如果没有木板或门板，也可以应用担架，这个时候也是将患者平托至担架上面，担架固定后进行转移。如图 10-2-32 所示。如果没有木板、门板或者担架，也可以用树枝，将树枝捆绑成床板一样的形状，然后再将病人平托至上面。

无论是哪一种方法，其原则都是要进行平托，脊椎不要有任何的弯曲，运载患者的东西也需要是平整的。

如果脊椎骨折患者伤在胸、腰、腹部时，在搬运过程中，腰部要垫小枕头或衣物等。

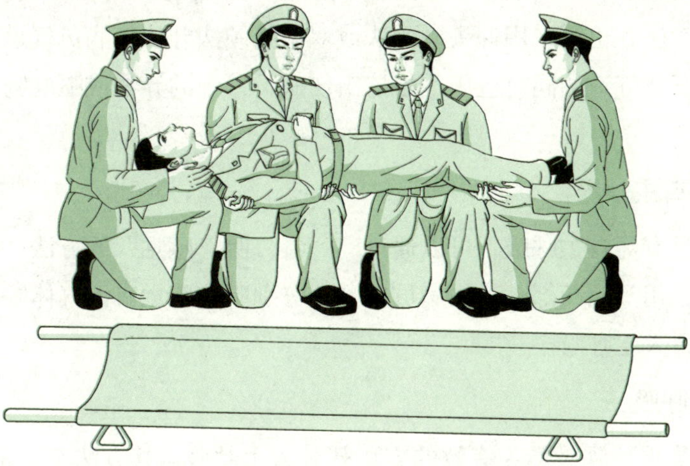

☆ 图 10-2-32　脊椎骨折搬运法

第三节　心肺复苏

心肺复苏是指针对呼吸、心跳停止所采用的抢救措施，即以人工呼吸替代自主呼吸，以心脏按压形成暂时人工循环并诱发心脏的自主搏动。心肺复苏的机理：通过胸外按压使心脏“持续供血”以延缓死亡时间，再用人工呼吸帮助病患者进行被动呼吸活动，使患者体内外进行气体交换，达到促使患者恢复自动呼吸的救治目的。

一、判断心搏骤停

心搏骤停一旦发生，时间就是生命，抢救越早，复苏的成功率越高。判断心搏骤停，首先应轻摇或轻轻拍打伤病员，同时呼叫其名字或大声呼喊，若无反应可判断为意识丧失。然后马上以手指触摸其双颈动脉，若意识丧失同时伴颈动脉搏动消失，即可判定为心搏骤停，应立即开始现场抢救。

二、放置复苏体位

复苏体位是仰卧位，应在呼救的同时将伤病员仰卧小心放置在坚硬的平地上。放置时，应一手托住伤病员颈部，另一手扶着他的肩部，使伤病员沿其躯体纵轴整体翻转到仰卧位。

三、开放气道

心搏骤停后，全身肌肉松弛，可发生舌根后坠，使气道受阻。为了保持呼吸道通畅，可采用仰头抬颏法，也可采用仰头举颈法或双手托颌法开放伤病员气道。

注意：在开放气道的同时应用手指挖出伤病员口中的异物或呕吐物，有假牙者应取出假牙。

四、判断自主呼吸

判断伤病员有无自主呼吸，可以通过“一看二听三感觉”的方法，即：看伤病员胸部有无起伏，用耳及面部贴近伤病员口鼻，分别听和感觉有无气体呼出，如没有应立即进行口对口人工呼吸。

五、重建呼吸

帮助伤病员重建呼吸最为有效的方法就是人工呼吸。其方法是：先使伤员仰卧，清理口中堵塞物，以保持呼吸道通畅，然后抢救者托起伤员下颚，使头部后仰，将口腔打开；用置于前额的手的手指轻捏伤员的鼻孔使之紧闭，另一只手放在颈下并上托；深吸一口气，对准伤员口用力吹入，吹气后放开鼻孔待伤员呼气，抢救者再吸气，准备下一次吹气。若伤员没有呼出气体，口对口呼吸无效，则重新开放气道，清除口腔异物，若有气流声，则如此法进行，每分钟 16~20 次。伤员牙关闭或口腔部有外伤者，可向伤员鼻吹气，吹气时应关闭口腔，伤员呼气时应开放口腔。其他操作与口对口呼吸相似。若心跳停止则应与胸外心脏按压同时进行，每按压心脏 4~5 次后吹气一口，吹气应在放松按压的间歇中进行。如图 10-3-1 所示。

注意：在进行人工呼吸和胸外心脏按压时，救护人员要大胆心细，按操作规程和动作要领实施，不要盲目进行救护，以免造成不必要的伤害。

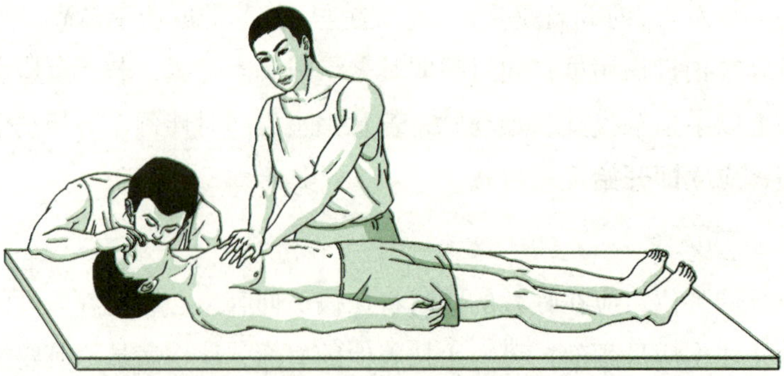

☆ 图 10-3-1　胸外按压和人工呼吸

六、重建循环

进行胸外按压能使伤病员重建循环。进行时，抢救者可采用踏脚凳或跪式等不同体位，用靠近伤病员左侧手的食指和中指置于胸骨下切肌上方，用另一只手的掌根部紧靠前一只手的食指，放于胸骨下 1/3（图 10-3-2），掌根部长轴与胸骨长轴重合，然后将前一只手置于另一只手背上，两手手指交叉抬起，使其不接触胸壁。按压时，双肘伸直，垂直向下用力按压，下压深度 4~5 厘米，按压频率 100 次 / 分，按压时间与放松时间各占 50%；放松时，掌根不能离开胸壁，以免按压点移位。

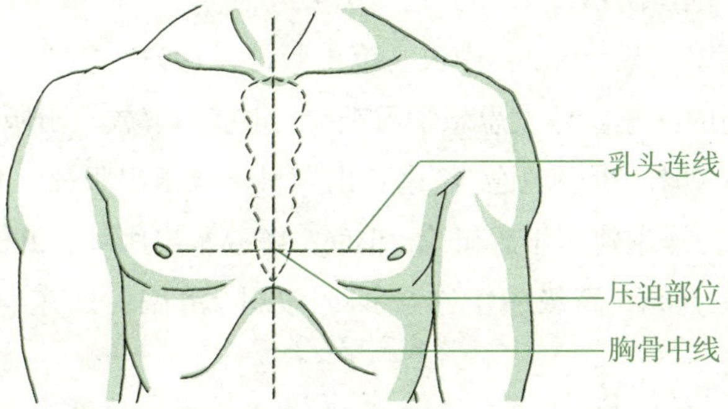

☆ 图 10-3-2　胸外按压部位

七、心外按压（双人）

双人同时进行人工呼吸及心外按压时，一人先做口对口人工呼吸 2 次，另一人做胸外心脏按压 30 次，以后人工呼吸数与胸外按压数按 2 : 30，如此反复进行 。

复习思考题

1. 简述心肺复苏的动作要领。
2. 止血的目的是什么？
3. 头部包扎的方法有几种？
4. 伤员搬运的方法有几种？

参考文献

[1] 中国人民解放军军语. 北京：军事科学出版社，2011.

[2] 毛泽东选集. 北京：人民出版社，1991.

[3] 邓小平文选. 北京：人民出版社，1993.

[4] 新时代中国国防白皮书. 北京：2019.

[5] 毛泽东军事文集. 北京：中央文献出版社，1993.

[6] 邓小平新时期军队建设思想学习纲要. 北京：解放军出版社，1997.

[7] 王建瑞，刘鹏. 军事理论. 济南：山东科学技术出版社，2003.

[8] 侯鲁梁. 毛泽东建军思想概论. 北京：解放军出版社，2003.

[9] 刘鹏，王建瑞. 高级中学军事训练教材. 济南：山东科学技术出版社，2006.

[10] 张万年. 当代世界军事与中国国防. 北京：军事科学出版社，1999.

[11] 韩其俭，刘鹏. 大学军事课教程. 济南：黄河出版社，2006.

[12] 刘鹏等. 高等院校国防教育教材. 济南：山东科学技术出版社，2011.

[13] 刘鹏，苏进. 谈兵论剑. 济南：山东科学技术出版社，2018.